gutes leben
bene!

Margot Käßmann

FARBEN *der* HOFFNUNG

Was uns Kraft und Zuversicht schenkt

Mit Bildern von Eberhard Münch

INHALTSVERZEICHNIS

VORWORT 7

GRÜN – Hoffnung auf Zukunft 15
ROT – Hoffnung auf Liebe 25
BLAU – Hoffnung auf Gerechtigkeit 39
GELB – Hoffnung auf Bewahrung der Schöpfung 55
ORANGE – Hoffnung auf Frieden 71
BRAUN – Hoffnung auf Heimat 87
SCHWARZ – Hoffnung auf Trost 105
WEISS – Hoffnung auf Nachkommenschaft und Lebenschancen 117
PINK – Hoffnung auf Glück 129
LILA/VIOLETT – Hoffnung auf Gott und Veränderung 141
SILBER – Hoffnung auf Gesundheit 159
GOLD – Hoffnung auf gelingendes Leben 173
ZULETZT: Der vielfarbige Regenbogen 183

Quellennachweis 188
Vita 190

VORWORT

Wir leben in einer Zeit, in der Krise auf Krise, eine schlechte Nachricht auf die andere zu folgen scheint. Viele Menschen spüren eine unbestimmte Angst, Angststörungen nehmen zu. Wie kann ich das alles bewältigen? Wo finde ich Halt? Welche Chancen gibt es für unser Land? Wann werden all die Kriege enden? Hat die Welt noch Zukunft angesichts der Klimakatastrophe?

All die Angst, Verzagtheit und Mutlosigkeit lassen sich nicht einfach wegwischen. Und doch möchte ich Hoffnung dagegensetzen, bunte, fröhliche Hoffnung! Gerade in dunklen Zeiten brauchen wir die Farben der Hoffnung als Trost und Ermutigung. Mich erinnert das immer an das Kinderbuch »Frederick« von Leo Lionni. Meine Töchter haben es geliebt, und auch meinen Enkelkindern lese ich es gern vor: Eine Familie von Feldmäusen sammelt Körner und Nüsse – Vorräte für den langen Winter. Nur Frederick tut scheinbar nichts. Was die anderen nicht begreifen können: Er sammelt Eindrücke und Farben, saugt alles in sich auf. Als die dunklen, kalten Tage lang werden und die gesammelten Vorräte zur Neige gehen, erzählt Frederick von roten Mohnblumen im gelben Kornfeld und wärmenden Sonnenstrahlen. Da keimt in den anderen Mäusen die Hoffnung auf Frühling.

*

Zwölf Farben habe ich für dieses Buch und die Betrachtungen zur Hoffnung ausgewählt, dazu passend Bilder des Künstlers Eberhard Münch, den ich sehr schätze. Die Primärfarben Gelb, Rot und Blau kamen mir natürlich zuallererst in den Sinn. Sie können nicht durch Mischung hergestellt werden. Alle anderen Farbtöne setzen sich aus diesen drei Farben zusammen, beispielsweise die Sekundärfarben Lila, Grün und Orange. Wichtig sind mir Silber und Gold, die schon in der Bibel eine Rolle spielen. Ergänzt werden die genannten Farben durch Violett, Weiß und Schwarz, die neben Rot und Grün zu den liturgischen Farben gehören und mit denen die Paramente in unseren Kirchen die Kirchenjahreszeit anzeigen. Schließlich noch Braun und Pink, schlicht ganz persönlich gewählt, weil ich die beiden Farben mag. Alle diese Farben sind klare Farben ohne Schattierungen oder Abstufungen.

Jeder Farbe habe ich ein Hoffnungsthema zugeordnet und es mit einer biblischen Geschichte oder einem biblischen Text verbunden – denn die Bibel ist voller Hoffnung! Da werden Wege durch die Wüste gefunden, da wird eine Frau innerlich aufgerichtet, da wird dem Tod die Macht genommen. Diese jahrtausendealten Erzählungen strahlen auch heute Hoffnungskraft aus. Sie geben Trost, Zuversicht und Mut.

Dabei ist mir deutlich geworden: Die Bibel kennt »Farbe« als Begriff gar nicht. Sie spricht von »blutfarben« oder »erdfarben«, wenn beispielsweise rot oder braun gemeint sind. Im Hohen Lied der Liebe beschreibt eine Frau die Haare ihres Geliebten als »schwarz wie ein Rabe« (Hohelied 5,11). Das Linsengericht, das Esau isst, hat wohl eine rotbraune Farbe. Danach werden die Edomiter benannt. Das heißt, in der Bibel werden Begriffe für Farben von Tieren, Menschen, Dingen abgeleitet, deren Aussehen die Leserinnen und Leser oder Hörerinnen und Hörer kennen.

Für mich stehen Farben auch für Hoffnung, weil sie unsere Welt bunt machen. Farben können an trüben Tagen Licht und Freude ins Leben bringen. Es gibt so viele Farben! Auch Grau ist eine. Sie kann attraktiv sein, ich habe beispielsweise ein graues Sofa. Doch ist Grau am Ende ein Symbol für Hoffnungslosigkeit. Das erinnert mich an ein anderes Kinderbuch, in dem Grummel Griesgram ständig die bunte fröhliche Welt von Regina Regenbogen in Grau versinken lassen will.

*

Beim Treffen der Wirtschafts- und Politikelite in Davos im Januar 2024 sagte Wirtschaftsminister Habeck, er lasse sich nicht gern erpressen, wenn ein Unternehmen erkläre, dass es das Land verlassen würde, wenn es keine staatliche Förderung erhalte. Aber manchmal müsse er sich dem beugen. »Wenn ich in einer grauen Welt leben muss, dann bin ich grau«, sagte er[1]. Dagegen begehre ich auf: Wo die Welt grau ist, brauchen wir den Widerstand der Farbe! Die grüne Hoffnung, die rote Liebe oder auch den schwarzen Schimmer des Trostes.

Erlebbar ist das für mich immer wieder in Kirchen, wenn durch die Fenster, die als Rosetten oder Bildgeschichten oder einfach nur farblich ausgestaltet sind, das Licht strahlt. Ein wunderbares Beispiel dafür ist das 2024 durch den isländischen Künstler Ólafur Elíasson neu gestaltete Fenster im Ostflügel des Greifswalder Doms. Im Juni 2024 habe ich dort gepredigt und war begeistert. Inspiriert durch den Greifswalder Maler Caspar David Friedrich hat Elíasson ein eindrucksvolles Spiel mit Farben installiert, das anregt zu spiritueller Erfahrung. Dieses wunderbare Licht, das durch die Fenster fällt, das herrliche Leuchten der Farben inspiriert zu Hoffnung.

Im Bild von Eberhard Münch auf der vorherigen Doppelseite ist auf der linken Hälfe eine starre Anordnung von Flächen zu sehen, die wie ein Gitter wirken, das das Leben einzugrenzen versucht. Daraus erwächst ein Blühen, ein Meer von Farbtupfern, das sich wie wehende Blätter ausbreitet. Ein schönes Sinnbild für Hoffnung, die sich Bahn bricht.

Die französische Philosophin Corine Pelluchon sagt: »Optimismus ist eine Haltung, die einen glauben lässt, man habe die Lösung für alle Probleme. Hoffnung dagegen setzt voraus, dass ich Schwierigkeiten und auch meine eigene Fehlbarkeit erkenne.«[2] Das scheint mir eine gute Definition. Hoffnung weiß darum, dass die Welt nicht leicht zu verändern ist, es Probleme im Leben gibt, wir immer wieder vor Zerreißproben stehen. Aber sie lässt sich nicht kleinkriegen, sie sucht beständig Wege nach vorn, wagt tapfer, daran zu glauben, dass es besser werden kann. Und Hoffende gehen Schritte auf diesem Weg, mögen sie auch noch so klein sein.

Schön ist es, wenn sich auf dem Weg der Hoffnung Verbündete finden. Zu erleben war das zu Jahresbeginn 2024, als auf einmal überall in Deutschland zehntausende Menschen zusammenkamen, um gegen rechtsextreme Tendenzen zu demonstrieren. Lange hatte die Mehrheit im Land eher schweigend zugesehen, wie Neonazis ihre Umtriebe verstärkten. Als aber Pläne öffentlich wurden, dass sie alle Menschen mit Migrationshintergrund vertreiben wollten, wurde klar: Wir müssen dagegen aufstehen, bevor es zu spät ist und Neonazis die Macht übernehmen. Wir wollen nicht in einem tristen Deutschland der Farblosigkeit leben, sondern in einem bunten Land voller Vielfalt! Wobei ich finde, wir sollten uns weder die schöne Farbe Braun von den Nazis nehmen lassen noch das herrliche Blau von der AfD und auch nicht das Rot von den Kommunisten.

An einigen Stellen sind Skizzen von Eberhard Münch eingefügt, die er eigens für dieses Buch angefertigt hat. Es war mir wie schon 2011 für das Buch »Sehnsucht nach Leben« eine Freude, mit ihm zusammenzuarbeiten.

Ich wünsche mir viele Menschen voller Hoffnung. Denn ohne Hoffnung wäre die Welt ein trostloser Ort. Hoffnung verändert uns Menschen und die Welt, weil sie immer den Mut durchscheinen lässt, zu glauben, dass es anders werden kann. Wir können gemeinsam die Welt verbessern, davon bin ich zutiefst überzeugt.

Hannover, im Juni 2024
Margot Käßmann

GRÜN
Hoffnung auf Zukunft

Grün gilt als *die* Farbe der Hoffnung. Wahrscheinlich, weil uns die jungen Triebe, die hellgrünen Blätter im April zeigen: Das Leben geht weiter. Ich liebe es, im Frühling durch den Buchenwald auf Usedom zu streifen. Das vermittelt geradezu ein Gefühl von Auferstehung. Aus tristen scheinbar leblosen Zweigen sprießt auf einmal unverhofft, ja ungestüm neues Leben. Die Buchen haben zu keiner Zeit im Jahr ein so unversehrtes, leuchtendes Grün wie im April. Sie verheißen Sonne, Licht, Wärme, die wir im Winter so sehr vermisst haben. Auch im Bild von Eberhard Münch öffnet sich das Dunkel, erstrahlt das Licht in satten Farben – Grün, Gelb und Weiß

Aber können wir zurzeit überhaupt von Hoffnung sprechen? Die sich häufenden Krisen der letzten Jahre belasten uns. Die durch das Coronavirus verursachte Pandemie war eine Erschütterung, von der sich unsere Gesellschaft noch nicht wirklich erholt hat. Wir verdrängen, wie schlimm es war. Manchmal aber kommt plötzlich die Erinnerung hoch: Weißt du noch, wie verzweifelt wir waren, als wir uns nicht sehen durften? Oder damals, als niemand verreisen konnte. Es war nicht möglich, die Einschulung unseres Sohnes zu feiern. Die Taufe musste verschoben und Alte durften nicht besucht werden. Dann wird uns bewusst: Das war ein kollektiver Albtraum. Wir sehen bis heute die Auswirkungen in Depressionen nach der erlittenen Einsamkeit, an den schulischen Leistungen der Kinder, an Folgeerkrankungen nach einer Infektion. Schwere Verwerfungen gab es in

Familien. Die Debatten um impfen oder nicht impfen wurden zum Kampfplatz.

Bald danach hat uns im Februar 2022 der Angriffskrieg Russlands auf die Ukraine schockiert. Die Vision vom Haus Europa, in dem Frieden herrscht, ist erschüttert. Nach dem brutalen Terrorüberfall von Hamas-Terroristen auf Israel am 7. Oktober 2023 tobt nun auch noch ein Krieg im Nahen Osten. Und zu alledem kommen die enormen Herausforderungen in unserem eigenen Land: Wohnraum fehlt, die Inflation belastet gerade die Armen. Kommunen klagen, sie seien bei der Unterbringung von Geflüchteten am Limit. All das wird langfristig noch überboten durch die drohende Klimakatastrophe, die immer realer erfahrbar wird durch Waldbrände, Dürren und Flutkatastrophen.

Angesichts all der Sorgen droht das Gewebe, das unsere Gesellschaft zusammenhält, zu zerreißen. In der Coronakrise hat sich ein enormer Verlust an Vertrauen gegenüber den staatlichen Institutionen entwickelt. Da geht es zum einen um Impfgegner, aber auch um Verschwörungstheoretiker und um Menschen, die unsere staatliche Ordnung ablehnen. Allzu viele wenden sich vermehrt einer rechtsextremen Partei zu. Das Vertrauen in den Staat, in die Justiz bröckelt. Auch den öffentlich-rechtlichen Medien wird oft nicht mehr vertraut. Auf den Straßen wie in den sogenannten sozialen Medien zeigen sich Hass und Aggression. Es gibt eine ungeheure Verrohung der Sprache gerade dort – da werden verbale Ausfälle gefeiert, es wird gedroht, gehetzt, verachtet, ohne dass offenbar irgendwelche Konsequenzen erwartet werden.

Zudem gibt die steigende Zahl antisemitischer Straftaten von Beleidigung über Volksverhetzung bis zu Gewalttaten Anlass zur Besorgnis. Nach den entsetzlichen Gräueltaten der Hamas-Terroristen vom 7. Oktober führt die Reaktion Israels nun zu einem öffentlichen

Antisemitismus, den es zwar zuvor schon gab, aber dessen aktuelles Ausmaß schockierend ist. Dabei will ich klar sagen: Ich habe allergrößtes Mitgefühl mit den Opfern des Überfalls der Hamas ebenso wie mit der geschundenen Zivilbevölkerung im Gaza-Streifen. Ich denke, wir können die Solidarität mit Israel, den Opfern dort und die Empathie mit den Opfern in Gaza zusammendenken. Auch der Anti-Islamismus greift um sich. Religion wird benutzt – und lässt sich benutzen, um Öl in politische und wirtschaftliche Konflikte zu gießen.

Gleichzeitig sind unsere Kirchen, die jahrzehnte-, ja jahrhundertelang für Stabilität gesorgt haben, in den Grundfesten erschüttert. Erschüttert durch eine Vertrauenskrise von unfassbarem Ausmaß. Es geht schließlich um eine Institution, der Kinder anvertraut wurden im besten Sinne des Wortes. Zu begreifen, dass Kinder auf brutale Weise missbraucht wurden und dass dieser Missbrauch oft auch noch vertuscht wurde, ist eine ungeheuer schmerzhafte Erkenntnis. Mit den großen Austrittswellen aus den Kirchen geht auch ein Verlust an Gemeinschaft einher.

Da möchte man sich wegducken, die Decke über den Kopf ziehen. Aber uns hilft keine Resignationshaltung in der Farbe Grau: Ich kann doch gar nichts tun. Alles wird immer schlimmer. Wir brauchen stattdessen Mut zur Veränderung! Die Dringlichkeit der Veränderung sollte nicht über uns schweben wie ein Damoklesschwert, sondern wir können sie mutig angehen, gestalten! Und zwar mit grüner Hoffnung als Grundhaltung. Dabei meine ich grün nicht als parteipolitische Farbe! Natürlich kann ich die Welt anschauen und nur alles sehen, was schlecht ist, mich geradezu festfressen an all dem, was schiefläuft. Aber ich kann auch meinen Blick auf das Gelingende richten. Oder auf das Mögliche, die Chancen, die es allem zum Trotz gibt – so wie ich am Ende eines langen Winters den Blick auf die aufbrechenden Knospen richte.

Die biblische Erzählung über die junge Frau Hagar ist eine Geschichte von Gewalt, Angst, menschlichen Verfehlungen und auch von Hoffnung. Im 16. Kapitel des ersten Buch Mose wird berichtet, dass Sarai, die Frau Abrams kein Kind bekommt, obwohl sie es sich so sehr wünscht. In ihrer Verzweiflung bittet sie Abram, mit ihrer Magd Hagar zu schlafen. Prompt wird diese schwanger. Und mit der Schwangerschaft wird sie hochmütig gegenüber ihrer Herrin. Sarai wiederum demütigt ihre Sklavin im Gegenzug so sehr, dass Hagar verzweifelt in die Wüste flieht. An einer Wasserquelle begegnet ihr ein Engel, wie es in der Bibel heißt. Der sagt ihr, sie solle zurückgehen. Ihr Kind würde eines Tages stark werden. Hagar folgt dem Rat des Engels und geht zurück und bekommt ihren Sohn Ismael. Da eine Sklavin wie Hagar zu jener Zeit gar nicht als Person galt, wird Ismael als der Sohn Sarais angesehen.

Es vergehen vierzehn Jahre, da wird Sarai tatsächlich auch noch schwanger und bringt ihren Sohn Isaak zur Welt. Es kommt zu weiterer Eifersucht und Sarai zwingt Abram, Hagar mit Ismael im wahrsten Sinne des Wortes in die Wüste zu schicken. Als Wasser und Vorräte zu Ende gehen, legt Hagar ihren Sohn unter einen Strauch. Sie will nicht zusehen, wie er stirbt. Wiederum erscheint ein Engel und ermutigt sie, durchzuhalten. Und sie findet tatsächlich eine Wasserquelle. Zum Abschluss heißt es: *»Und Gott war mit dem Knaben. Der wuchs heran, wohnte in der Wüste und wurde ein Bogenschütze. Und er wohnte in der Wüste Paran und seine Mutter nahm ihm eine Frau aus Ägyptenland.« (1. Mose 21, 20f.)*

Das ist eine bewegende Hoffnungsgeschichte. Eine Sklavin wie Hagar ist völlig rechtlos. Sie hat zu gehorchen. Dass Abram sie schwängert, kommt einer Vergewaltigung gleich. Und dann bringt ihr diese Schwangerschaft eine leise Ahnung von Macht – sie kann ein Kind zur Welt bringen, ihre Herrin nicht. Ein uraltes Thema, Mutterschaft als Konkurrenz. Aber sie hat sich überschätzt. Sarai bleibt immer noch die Herrin, sie macht Hagar fertig. In dieser Situation der Hoffnungslosigkeit will sie nur noch weg, weit weg. Aber wohin eigentlich? Eine schwangere Sklavin wird nirgendwo aufgenommen.

An einer Wasserquelle begegnet Hagar ein göttlicher Bote. Ein Engel, heißt es in der biblischen Erzählung. Aber es müssen nicht Männer mit Flügeln sein, die Engel, hat Otto Wiemer so schön gesagt. Vielleicht war es eine weise alte Frau, die zu Hagar gesagt hat: Beruhige dich. Das Kind wird auch Abrams Kind sein. Er wird für sein und dein Kind sorgen. Und für ein Kind lohnt es sich doch zu leben. Halt aus, dass Sarai dich demütigt. Es wird sich schon alles finden. Bleib gelassen und zuversichtlich. Dein Sohn wird das Leben in einem anderen Licht erscheinen lassen. Schritt eins der Hoffnung also: Du kannst etwas aushalten, Durststrecken gibt es im Leben. Da kommst du durch! Hagar kehrt um, bringt ihren Sohn Ismael zur Welt und es scheint, dass sich alle mit der Situation arrangieren.

Doch dann kommt die zweite Phase der Hoffnungslosigkeit, vierzehn Jahre später. Jetzt ist der rechtmäßige Erbe da, Sarais Sohn Isaak. Ismael ist nicht mehr der alleinige Augapfel des Vaters, und Sarai spielt ihre Macht nun voll aus. Auch wenn Abram zögert, ihm bleibt offenbar nichts anderes, als Hagar und Ismael auf Sarais Wunsch hin im wahrsten Sinne des Wortes in die Wüste zu schicken. Er versucht, für sie zu sorgen, gibt ihnen Proviant mit. Aber der ist in der Wüste bald aufgebraucht. Jetzt ist Hagar so verzweifelt, dass sie den Sohn ablegt. Sie hat ihrer beider Tod vor Augen. Die Hoffnung kommt in Gestalt einer Wasserquelle. Warum hat sie die vorher nicht gesehen? Ist es die Stimme Gottes, ein Engel, ein Beduine, der ihr weiterhilft? Auf jeden Fall macht Hagar jetzt den Rücken gerade. Sie findet sich mit der Wirklichkeit ab, lebt mit ihrem Sohn in der Wüste, hilft ihm, eine Familie zu gründen. Sie schafft sinnbildlich eine grüne Oase mitten in der Wüste.

Das ist nicht nur sinnbildlich zu verstehen. Denn so etwas gibt es in der Wüste Israels. Bei langen Fahrten durch staubige, steinige Landschaft oder auch Wüstenstreifen war ich immer wieder fasziniert, wenn dann auf einmal eine Oase auftauchte. Plötzlich siehst du das Grün, Lebensraum für Mensch, Tier und Pflanze. Oasen sind ein Ort der Sehnsucht mitten in Wüsten. Das gilt ja auch im übertragenen Sinne. In den Wüstenzeiten des Lebens, die es wohl für jeden Menschen gibt, sehnen wir uns nach Oasen. Einem Abend mit Freundinnen und Freunden, einem Glücksmoment in der Natur, einem Familienfest voller Harmonie. Wir brauchen die grünen Oasen im Leben, um durchzuhalten, wenn schwere Zeiten anstehen. Meine Mutter hat oft erzählt: »Egal, wie armselig wir im Krieg untergebracht waren. Ich habe mir immer ein kleines Nest gebaut, einen Ort, wo ich mich wohlfühlen konnte.«

Was für eine tapfere Frau kommt mit Hagar über die Jahrtausende zum Vorschein! Gedemütigt wurde sie, rechtlos war sie ihrer Lebenssituation ausgeliefert, die Lebenskraft ging ihr aus. Aber immer wieder hat sie gekämpft, damit ihr Sohn eine Zukunft hat. Zäh wird sie gewesen sein oder auch resilient, wie wir heute sagen. Sie erinnert mich an viele Frauen, denen ich begegnen durfte. Frauen, die im Flüchtlingslager im Libanon einen kleinen Garten anlegten. Frauen, die im Slum in Rio de Janeiro mit ihren Kindern Lieder der Ermutigung einübten. Ich denke an die Frauen in einem Gottesdienst in Tansania, die mitten in diesem sandigen Gelände mit schneeweißer Kleidung zur Kirche kamen und laut jubelnd singen konnten. Und ich werde nie die Frauen in Bolivien vergessen, die nach dem Gottesdienst auf einmal eine Plastikplane ausbreiteten, aus ihren großen weiten Röcken warme Kartoffeln darauf schütteten und dazwischen Schüsseln mit scharfer Soße stellten. Mit all diesen Gärten, der herrlichen Kleidung, den Liedern, dem Essen schaffen Frauen immer wieder inmitten von Lebenswüste wirklich blühende grüne Landschaften.

Hagar ist nicht in Angst erstarrt, sondern hat ihre Lebenskraft in scheinbar aussichtsloser Lage wieder aktiviert. Angst ist wohl der Gegenbegriff zu Hoffnung. Sie hält viele Menschen auch heute gefangen. Da sind zum einen handfeste Angststörungen, die so belastend sein können. Es gibt Depressionen, die mit Angst einhergehen. Und schlicht auch Zukunftsängste angesichts der weltpolitischen Lage. Wir können Ängste nicht einfach ausradieren oder wegdiskutieren, wir müssen sie ernst nehmen.

Ein junger Mann hat mir einmal geschildert, wie das für ihn abläuft. Er fährt in der S-Bahn, hält sich an einer Stange fest und sieht, dass der Mann, der sich dort vorher festgehalten hat, offene Stellen an seiner Hand hat. Sofort denkt er, er könnte sich mit HIV infiziert haben. Das ist vollkommen irrational – und das weiß er. Aber sein Unterbewusstsein arbeitet ununterbrochen, er kann sich von den Gedanken nicht lösen, alle rationalen Argumente verfangen nicht. Er fühlt sich entsetzlich schlecht und weiß nicht, wie er sich befreien kann von diesen Gedanken. Es geht um das Krankheitsbild einer schweren Angststörung und es wird lange dauern, bis er hoffentlich besser damit leben kann. Ganz überwinden wird er sie wohl nie können.

Das kann uns allen so gehen, auch ohne Diagnose. Wer regelmäßig Nachrichten schaut, all die entsetzlichen Krisen der Welt sieht, das Leid so vieler Menschen, die Klimakatastrophe vor Augen, kann in tiefer Angst versinken. Ich hatte tatsächlich überlegt, ein Buch über Angst zu schreiben. Aber dann dachte ich: Das wäre doch völlig falsch! Wir müssen angehen gegen die Angst mit: Hoffnung! Einer der für mich schönsten Verse der Dichterin Mascha Kaléko lautet: »Die Nacht in der das Fürchten wohnt, kennt auch die Sterne und den Mond«. Das ließe sich umformulieren mit Blick auf Hagar: Die Wüste, die Angst und Tod kennt, weiß auch um die grünen Oasen von Leben und Hoffnung.

*

Vor dem letzten Osterfest erhielt ich eine E-Mail mit der Frage, warum eigentlich das Hoffnungsgrün den drittletzten Tag vor Ostern bestimme. Das wäre doch irgendwie unpassend, so kurz vor Karfreitag. Ich habe geantwortet, dass der Gründonnerstag wirklich nichts mit der Farbe Grün zu tun hat, auch wenn an dem Tag die traditionelle Grüne Soße mancherorts ein wichtiger Teil der Mahlzeit ist. Der Name leitet sich vom mittelhochdeutschen Wort »greinen« ab, das soviel wie Wehklagen oder Weinen bedeutet. Es geht um den Schmerz des Verrats, als Judas Jesus mit einem Kuss ausliefert. Deshalb ist die liturgische Farbe für den Gründonnerstag auch nicht grün, sondern weiß. Und die grüne Soße rührt eher daher, dass in der Passionswoche traditionell auf Fleisch verzichtet wird.

Dass aber Grün auch in der Passion für Hoffnung stehen kann, dafür ist mir meine Freundin Almut Sinnbild. Ihr Mann hatte sich, als er wusste, dass er an Krebs sterben würde, gewünscht, dass seine Frau zur Beerdigung das hellgrüne Kostüm trägt, das sie auf ihrer letzten gemeinsamen Reise gekauft hatten. Almut hat dem Wunsch entsprochen und auch noch einen Sarg in Grün gewählt. In dem kleinen Dorf, in dem wir lebten, hat es, wie sich jeder und jede denken kann, darum viel Gerede gegeben. Aber ich denke immer noch: Es ist ein gutes Zeichen für diese unbändige Hoffnung auf Leben, auf Auferstehung, die Christinnen und Christen selbst in tiefster Trauer hält und trägt.

Übrigens: Grün als Farbe der Hoffnung wird in den Kirchen in der »festlosen Zeit« verwendet, Das ist eine gute Ansage: Hoffnung geht immer!

ROT
Hoffnung auf Liebe

Einer meiner Enkel fragte mich: »Omi, was ist deine Lieblingsfarbe?« Ich habe zurückgefragt: »Welche Farbe hat mein Fahrrad? Mein Mantel? Mein Auto?« Und klar war: Rot ist meine Lieblingsfarbe. Im Älterwerden habe ich festgestellt, wie sehr mir diese Farbe zusagt. Als ich dann einmal Fotos von meinen Schwestern und mir aus unserer Kinderzeit angeschaut habe, fiel mir eines besonders in den Blick. Auf ihm trägt meine älteste Schwester ein blaues Samtkleid, die mittlere ein grünes und ich als jüngste ein rotes. Unsere Omi hat die Kleider damals geschneidert. Ob Rot mir zugeordnet wurde? Oder ob einem eine Farbe zuwächst?

Ich mag Rot, weil es so klar ist, eine Ansage geradezu. Wenn ich früher als Landesbischöfin eine sehr schwierige Sitzung vor mir hatte, habe ich oft ein rotes Kleid oder einen roten Hosenanzug getragen nach dem Motto: Ich habe keine Angst, ich werde mich nicht wegducken. Als ich im Februar 2024 bei einer Demonstration für Demokratie in Hameln gesprochen habe, schrieb mir hinterher eine Teilnehmerin, sie habe mich vorher nicht gekannt und nicht gewusst, dass ich die Hauptrednerin sein würde. Aber als sie den knallroten Mantel gesehen habe, habe sie gedacht: »Die Frau hat Selbstbewusstsein. Das würde ich mich auch gern mal trauen.« Mir war nicht klar, dass der Mantel so wirken könnte. Ich habe ihn vor etlichen Jahren gekauft, weil mich das knallige Rot begeistert hat. Zu meinem 65. Geburtstag habe ich mir ein langes rotes Kleid gekauft und freue mich daran. Früher galt: Ältere Frauen kleiden sich in Grau. Heute haben sie Mut zur Farbe, denn das signalisiert ja auch Lebensfreude, Lebenslust. Als ich 1974 das erste Mal in die USA kam, fiel mir dort auf, wie fröhlich-bunt sich ältere Frauen kleideten. Das kannte ich damals aus Deutschland überhaupt nicht. Schön, dass sich das geändert hat!

*

Rot ist zuallererst die Farbe der Liebe. Ich denke, das leitet sich daraus ab, dass Rot für Feuer steht, für Leidenschaft, die entfacht wird. Aber auch für Kraft und Stärke. Und wohl auch für das Blut, das in Wallung gebracht wird durch Liebesgefühle. Wenn zwei Menschen sich lieben, verbinden sich ihre Herzen, die in Rot dargestellt werden. Facettenreich weben sich im Bild von Eberhard Münch verschiedene Schichten von Rot und das Licht ineinander.

Martin Luther hat einmal gesagt, Gott sei ein Backofen voller Liebe. Ist das nicht passend? Die Liebe Gottes habe ich immer als tragend, kräftigend empfunden. Ein wärmendes Feuer, das uns umhüllt.

Natürlich gibt es auch ein Zornesrot, und manche betonen immer wieder den Zorn Gottes. Aber wenn ich lese, wie Jesus über Gott gesprochen hat, dann trifft es der Backofen voller Liebe viel mehr, denke ich. Er hat ihn zärtlich »Abba«, lieber Vater, genannt. Und Jesus hat in seinen Gleichnissen erzählt, wie Gott die Menschen liebt.

In unseren Kirchen steht Rot als liturgische Farbe allerdings nicht für Gott, sondern für den Heiligen Geist. In der Apostelgeschichte heißt es: *Und als der Pfingsttag gekommen war, waren sie alle beieinander an einem Ort. Und es geschah plötzlich ein Brausen vom Himmel wie von einem gewaltigen Sturm und erfüllte das ganze*

Haus, in dem sie saßen. Und es erschienen ihnen Zungen, zerteilt und wie von Feuer, und setzten sich auf einen jeden von ihnen, und sie wurden alle erfüllt von dem Heiligen Geist und fingen an zu predigen in anderen Sprachen, wie der Geist ihnen zu reden eingab. (Apostelgeschichte 2, 1–4)

Deshalb werden an Pfingsten, aber auch am Reformationstag, bei Konfirmationen oder Kirchentagen rote Paramente gewählt. Paramente sind erst einmal alle Textilien im Kirchenraum, im römisch-katholischen und orthodoxen Raum auch die Gewänder der Liturgen. Je nach Kirchenjahreszeit werden die meist gewebten Textilien, die am Altar, der Kanzel und am Lesepult, dem Ambo, je nach Kirchenjahreszeit verwendet. Sie werden Antependien genannt, weil sie (lateinisch) *ante*, das heißt *vor* dem Altar, der Kanzel und dem Lesepult hängen (lateinisch *pendere*). Rot wird also gewählt für Festtage, an denen wir das Wirken des Heiligen Geistes sehen oder erbitten. Dazu erinnern das Rot bzw. Violett am Palmsonntag und das Schwarz am Karfreitag an die Passion Jesu, an sein Blut, sein Leiden und Sterben am Kreuz. Somit steht Rot für Aufbruch, Liebe, Bewegung, aber auch für Leid.

Der Apostel Paulus, der in seinen Briefen oft hochintellektuell daherkommt mit vielen Anweisungen und nüchternen Betrachtungen, hat erstaunlicherweise einen der schönsten Liebestexte der Bibel verfasst. In seinem ersten Brief an die Gemeinde in Korinth schreibt er im 13. Kapitel das Hohelied der Liebe:

Wenn ich mit Menschen- und mit Engelzungen redete und hätte der Liebe nicht, so wäre ich ein tönendes Erz oder eine klingende Schelle. Und wenn ich prophetisch reden könnte und wüsste alle Geheimnisse und alle Erkenntnis und hätte allen Glauben, sodass ich Berge versetzen könnte, und hätte der Liebe nicht, so wäre ich nichts. Und wenn ich alle meine Habe den Armen gäbe und meinen Leib dahingäbe, mich zu rühmen, und hätte der Liebe nicht, so wäre mir's nichts nütze. Die Liebe ist langmütig und freundlich, die Liebe eifert nicht, die Liebe treibt nicht Mutwillen, sie bläht sich nicht auf, sie verhält sich nicht ungehörig, sie sucht nicht das Ihre, sie lässt sich nicht erbittern, sie rechnet das Böse nicht zu, sie freut sich nicht über die Ungerechtigkeit, sie freut sich aber an der Wahrheit; sie erträgt alles, sie glaubt alles, sie hofft alles, sie duldet alles. Die Liebe höret nimmer auf, wo doch das prophetische Reden aufhören wird und das Zungenreden aufhören wird und die Erkenntnis aufhören wird. Denn unser Wissen ist Stückwerk und unser prophetisches Reden ist Stückwerk. Wenn aber kommen wird das Vollkommene, so wird das Stückwerk aufhören. Als ich ein Kind war, da redete ich wie ein Kind und dachte wie ein Kind und war klug wie ein Kind; als ich aber ein Mann wurde, tat ich ab, was kindlich war. Wir sehen jetzt durch einen Spiegel in einem dunklen Bild; dann aber von Angesicht zu Angesicht. Jetzt erkenne ich stückweise; dann aber werde ich erkennen, gleichwie ich erkannt bin. Nun aber bleiben Glaube, Hoffnung, Liebe, diese drei; aber die Liebe ist die größte unter ihnen. (1. Korinther 13, 1–13)

Mir scheint es ein wenig übertrieben, wie euphorisch Paulus hier von der Liebe redet – sie lässt sich nicht erbittern, sie erträgt alles, sie glaubt alles. Wer einmal eine Enttäuschung in Sachen Liebe erlebt hat, wird da wohl eher skeptisch reagieren: Hätte ich bloß nicht alles geglaubt. Da gibt es oft viel Erbitterung! Dieser Apostel, der wohl nie verheiratet war, hat gut reden. Was weiß er eigentlich von der Liebe? Aber in einem hat Paulus doch recht, denke ich: Ohne Liebe ist alles nichts. Wenn ich noch so viel kann und weiß, allen möglichen Reichtum besitze, aber da ist kein Mensch, der mich liebt oder den ich lieben kann, dann ist das Leben insgesamt arm. Es sind die Beziehungen, die unser Leben prägen, im Guten wie im Schlechten.

Zum einen gibt es die Liebe als Paar, diese stürmische erste Phase des Verliebtseins. In ihr denken zwei Menschen ununterbrochen aneinander, wollen jede Minute miteinander verbringen, können nicht voneinander lassen. Und die Mitwelt, die sie beobachtet, schmunzelt wohlwollend: verliebt!

Es folgt in der Regel ein ruhigeres Miteinander, ein Sich-aufeinander-Einstellen, ein gemeinsamer Rhythmus, der entsteht. Und dann kommt – eben leider auch in der Regel – allzu oft eine Krise. Vielleicht Kinder, die das Paar völlig absorbieren. Unterschiedliche berufliche Entwicklungen. Ein Mensch, der zum Partner oder zur Partnerin wird, hört ja nicht auf, sich zu verändern.

Und so kann es sein, dass zwei Menschen, die sich geliebt haben, sich auch wieder trennen. In unserem Land und in unserer Zeit ist das möglich, eine Scheidung ist auch nicht mehr gesellschaftlich geächtet. Und doch tut eine solche Trennung weh. Wenn ich Trennungen als Seelsorgerin begleite, ist mir immer wieder wichtig zu sagen, dass Paare zurückdenken sollten an das Rot der ersten Liebe. Ihr habt euch geliebt. Bewahrt euch diese Erinnerung. Deshalb verletzt euch auch nicht, streitet nicht so viel, sondern versucht, in Würde und mit Respekt voreinander getrennte Wege zu gehen. Das ist gerade für die Kinder eines Paares ungeheuer wichtig. Aber auch für das Paar selbst. Dann musst du nicht versuchen, die Vergangenheit radikal auszuradieren. Stattdessen kannst du mit einem warmen Lächeln zurückdenken an eine schöne Zeit. Sie ist vorbei, wird aber immer Teil deines Lebens bleiben. Es geht dann um ein Rot, das langsam verglüht wie ein Kaminfeuer, das aber noch Wärme abgibt: Schön war die Zeit! Aber jetzt ist es eine andere. Leider schlägt Liebe dann oft in Abneigung, Verachtung, ja sogar Hass um. Eine Trennung in Würde verlangt allen Beteiligten viel ab. Ich wünschte mir, das Paar würde sich an die erste Zeit der Liebe erinnern, um eben nicht zu verbittern.

Viele Paare aber werden alt miteinander. Wenn ich das sehe, bin ich immer wieder angerührt, und ich wünsche es allen Paaren sehr. Es muss schön sein, sich miteinander zu verändern, so viel gelebte Zeit miteinander zu teilen. Eine reife Liebe zu finden, die sich gegenseitig achtet und wertschätzt, sich freut an der Gemeinsamkeit, am Erlebten. Als Landesbischöfin habe ich immer wieder Urkunden für Paare unterzeichnet, die ihre Goldene, Diamantene oder gar Eiserne Hochzeit gefeiert haben. Und ich denke: Eine solch lange Ehe ist wirklich ein Geschenk. Natürlich weiß ich, dass hinter der Fassade einer langen Ehe auch Entfremdung, ja Ablehnung stehen kann. Aber es gibt sie, die Ehen, die miteinander durch dick und dünn gehen, sich im Alter freuen an der Gemeinsamkeit. Das ist ein Hoffnungszeichen für junge Paare und ein Segen in Rot zugleich.

Für mich persönlich ist die stärkste Liebe die zu den eigenen Kindern. Als meine Töchter geboren wurden, hatte ich jedes Mal ein überwältigendes Gefühl. Ich wollte dieses kleine hilflose Wesen vor allem Unglück schützen und hatte den Eindruck, erstmals wirklich zu begreifen, was Hingabe bedeutet. Wenn es heißt, Jesus habe sein Leben hingegeben für andere, ist es wohl diese Liebe, die sich selbst völlig zurücknimmt für andere.

Deshalb ist das Bild von Gott als Vater oder Mutter für mich auch bei allem theologischen Nachdenken weiterhin passend. Martin Luther hat erkannt: Weil Gott uns gnädig ansieht, hat unser Leben Sinn, ganz unabhängig davon, was wir erreichen. Das ist erstaunlich aktuell in einer Welt, die gnadenlos auf Leistung getrimmt ist. Alle sollen sich selbst optimieren. Wer nicht mithalten kann, nicht reich genug, nicht schön genug, nicht effektiv genug ist, bekommt signalisiert: Du bist nichts wert. Doch das stimmt nicht! Vor Gott stehen wir anders da, weil Liebe im Spiel ist. Als Mutter sehe ich doch meine Töchter mit Liebe an, ganz egal, ob sie erfolgreich sind oder nicht. Ich nehme ihren Kummer ernst, ihre Ängste, und freue mich über das, was gelingt. Aber wenn etwas nicht gelingt, falls es Irrwege gibt im Leben und Komplikationen, kann diese Liebe nicht erschüttert werden. So sieht Gott uns an. Jesus hat immer wieder davon erzählt, hat das gelebt: Gott liebt die Menschen. Manchmal zweifeln wir daran, verzweifeln an unserem Leben, der Weltlage. Dann gilt es, das Vertrauen zu bewahren: Gott ist da, Gott hält uns. Genauso wie Kinder sich darauf verlassen können, dass ihre Eltern sie niemals nicht mehr lieben könnten. Für mich ist jedenfalls alles andere unvorstellbar.

*

Vor mehr als vierzehn Jahren habe ich bei der Erklärung meines Rücktritts einen Vers des Pastors und Dichters Arno Pötzsch zitiert: »Du kannst nie tiefer fallen als in Gottes Hand«. Bis heute werde ich darauf angesprochen, weil dieses Vertrauen Menschen anrührt, sie ermutigt, ebenfalls zu vertrauen. Und Liebe hat mit Vertrauen zu tun! »*Werft euer Vertrauen nicht weg!*«, heißt es im Hebräerbrief (10,35)

Ich finde sehr hilfreich, dass es im Griechischen drei Begriffe gibt, die wir alle mit »Liebe« übersetzen. Da ist zum einen *eros,* diese erotische Liebe, die Leidenschaft, die zwei Menschen erfasst, die sich ineinander verlieben. Im Lateinischen wird *eros* mit *amor* übersetzt und meint Gott, dessen Pfeil die Liebenden trifft.

Und dann gibt es *philia* die freundschaftliche Liebe. Eine Frau hat mir erzählt, eine Freundin habe ihr gesagt, dass sie sie liebt, das habe sie irritiert, das sei doch nicht passend. Hätten wir im Deutschen so differenzierte Begriffe für Liebe wie die griechische Sprache, gäbe es die Irritation nicht. Denn es gibt freundschaftliche Liebe, eine Verbundenheit, die innig ist, aber kein sexuelles Verlangen beinhaltet.

Schließlich kennt das Griechische den Begriff *agape,* mit dem die Liebe zu anderen gemeint ist, Nächstenliebe, Sorge füreinander in einer Gemeinschaft. Mit der lateinischen Übersetzung *caritas* wird gut deutlich, was gemeint ist.

Ich denke, jeder Mensch sehnt sich nach Liebe. Da ist die Hoffnung, den einen Menschen zu finden, mit dem ich ganz und gar zusammengehöre. Unzählige Filme handeln davon, dass genau die beiden einander begegnen, die füreinander bestimmt sind. Im Scherz sagte ein Bekannter: »Und dann staunst du, dass unter den acht Milliarden die eine Frau genau im nächsten Dorf wohnt.« Denn das stimmt ja, es gibt nicht *den* einen Menschen für dich. Es kommt darauf an, sich kennenzulernen, sich zu mögen, zu verlieben und irgendwann zu sagen: Wir zwei wollen heiraten, vielleicht Kinder bekommen, ein Haus bauen – der Klassiker.

All die romantischen Filme enden allerdings in der Regel mit der Hochzeit. Glück und Freude allenthalben. Doch für das Paar beginnen damit die Mühen der Ebene. »Jedem Anfang wohnt ein Zauber inne«, beginnt das berühmte Gedicht von Hermann Hesse. Die Wahrheit ist, dass der Zauber sich nicht halten lässt. Wenn Paare über die Jahre verbunden bleiben, gesellen sich zu dem stürmischen *eros* durchaus *philia*, tiefe Verbundenheit, und *agape*, die Sorge füreinander. Das macht eine gute Partnerschaft oder Ehe aus, denke ich.

Mit der *eros*-Liebe werden viele Geschäfte gemacht. Etwa neun Millionen Deutsche nutzen inzwischen Dating Services wie Tinder, Lovoo oder Parship, in allen Altersstufen etwa ein Drittel[3]. 61 Prozent immerhin geben an, auf diesem Weg bereits einmal einen festen Partner bzw. eine feste Partnerin gefunden zu haben. Die durchschnittliche Suchzeit beträgt sechs Monate. Je nach Anbieter können bis zu 150 Euro anfallen. Allein 2022 zahlten insgesamt mehr als 10 Millionen Nutzerinnen und Nutzer für Tinder. Definitiv ein einträgliches Geschäftsmodell.

Die Hoffnung, einen Partner, eine Partnerin über eine Datingplattform zu finden, will ich gar nicht negativ konnotieren. Denn Studien zeigen, dass es für die Stabilität einer Beziehung gleichgültig ist, ob zwei sich ganz klassisch bei einem Treffen oder online kennengelernt haben. Wir leben in einer Gesellschaft, in der viele allein leben, große Familienverbände sich aufgelöst haben, Menschen im Homeoffice arbeiten. Dadurch sind die Gelegenheiten, sich einfach so kennenzulernen, deutlich reduziert. Aber mir scheint, die »Matches« auf Datingplattformen werden zu hoch bewertet. Mein Partner und ich hätten uns wahrscheinlich nie auf einer Datingplattform kennengelernt, weil wir nicht gematcht hätten: Ein Ingenieur und eine Theologin, die sehr unterschiedliches mögen, Fußball oder Kartenspiele beispielsweise. Aber wir passen zusammen, leben gern miteinander und starren nicht auf Unterschiede, sondern teilen Gemeinsames. Wir gehen beide gern joggen, gemeinsam spazieren, schätzen Kino und Theater oder auch einen schlichten Fernsehabend auf dem Sofa. Und wir können uns gegenseitig gut lassen, so wie wir sind. Es passt auch, weil wir uns schon aus der Jugendzeit kennen und es dadurch langfristiges Kennen und Vertrauen gibt.

Auch wer ohne Partnerin oder Partner lebt, muss nicht einsam sein und ohne Liebe leben. *Philia*, die freundschaftliche Liebe kann ungeheuer wichtig in unserem Leben sein. Freundschaften tragen und halten uns, sie geben dem Leben Stabilität. Freundeskreise sind soziale Netzwerke, in denen wir uns bewegen. Freunde sind nicht Ersatz für Partnerschaft. Auch wer in einer Partnerschaft lebt, sollte Freundinnen und Freunde haben. Es ist wichtig, Zeit mit anderen Menschen zu verbringen und solche Netzwerke zu knüpfen in guten Zeiten, die uns halten in den schweren Zeiten. Nicht als Zweck, sondern als Lebensraum. Hoffnung auf Liebe ist auch die Hoffnung, nicht einsam zu sein, zu verkümmern in der Sehnsucht nach Gespräch, Begegnung, Lachen, Teilen der Lebenserfahrung. Einsamkeit ist ein großes Thema in unserem Land, das hat eine Studie des Familienministeriums kürzlich nachgewiesen.

Und dann ist da die Liebe in der Familie. Ich habe überlegt, ob das nun *philia* oder *agape* ist. Vielleicht auch eine Mischung aus beidem. Wir lieben unsere Eltern – in der Regel, ich weiß – und wir sorgen uns um sie. Wir lieben unsere Kinder und sorgen uns ebenso um sie. Dieses Gefühl, du würdest alles für diesen kleinen Menschen, dieses so zarte, verletzliche Wesen tun, ist eine Form von Liebe, die mit *eros* gar nichts zu tun hat. Und diese Liebe bleibt, auch wenn Kinder längst erwachsen sind.

So viele Formen der Liebe also. Die Farbe Rot passt zu allen, finde ich. Dabei ist die wohl höchste Form der *agape* die Feindesliebe. Im Matthäusevangelium ist überliefert, dass Jesus sagt: *Ihr habt gehört, dass gesagt ist: ›Du sollst deinen Nächsten lieben‹ und deinen Feind hassen‹. Ich aber sage euch: ›Liebt eure Feinde und bittet für die, die euch verfolgen, auf dass ihr Kinder seid eures Vaters im Himmel. Denn er lässt seine Sonne aufgehen über Böse und Gute und lässt regnen über Gerechte und Ungerechte. Denn wenn ihr liebt, die euch lieben, was werdet ihr für Lohn haben? Tun nicht dasselbe auch die Zöllner? Und wenn ihr nur zu euren Brüdern freundlich seid, was tut ihr Besonderes? Tun nicht dasselbe auch die Heiden? Darum sollt ihr vollkommen sein, wie euer himmlischer Vater vollkommen ist.*
(Matthäus 5, 43–48)

Es ist leicht, Menschen zu lieben, die wir mögen, unseren Partner, unsere Partnerin, die Kinder, die Geschwister, Freundinnen und Freunde. Selbst wenn es mal Streit gibt, bleibt da in der Regel eine grundlegende Zuneigung. Diejenigen lieben, die wir mögen, ist geradezu ein Kinderspiel. Aber die lieben, die wir ablehnen, oder gar unsere Feinde, das ist eine riesige emotionale Leistung. Und da sind eben nicht *eros* oder *philia* gemeint, sondern der Respekt, das Zugeständnis von Menschlichkeit und Menschenwürde auch gegenüber denen, die uns nicht nahestehen, ja, denen wir oder die uns feindlich gesinnt gegenüberstehen. Die Feinde zu lieben geht oft über menschliche Fähigkeiten hinaus. Aber wo es gelingt, da berührt es Menschen. Da entstehen Versöhnung, Zukunft, Frieden.

*

In Los Angeles habe ich bei einer Tagung anlässlich eines Vortrags zwei Frauen kennengelernt, die aus Israel stammten, eine Jüdin und eine Palästinenserin. Beim Essen erzählten sie mir, dass sie in ihrer gemeinsamen neuen Heimat, den USA, Nachbarinnen sind, ihre Kinder zusammen zur Schule gehen, miteinander spielen. Die Familien sind befreundet. Und beide Frauen erklärten: Lebten sie noch in Israel, wäre das gar nicht möglich. Da müssten sie Feinde sein, es ginge gar nicht anders …

Niemand kann Feindesliebe fordern oder gar diktieren. Wie sollten die Opfer der Luftangriffe Russlands auf die Ukraine sich verhalten? Wie all die Opfer von Missbrauch und Gewalt, auch in den Kirchen? Diktierte Liebe ist Gewalt. Aber die Idee, die im Hintergrund des Feindesliebegebots steckt, ist faszinierend. Menschen steigen aus dem Hass aus, widersetzen sich all den Rachegelüsten, die die Spirale der Gewalt in der Spur halten. Sie lieben gegen den Strom. Das ist die provozierende, weltbewegende Idee des Jesus von Nazareth, die all die Logik von Gewalt, Hass und Krieg außer Kraft setzt.

Ein Letztes zum Thema Rot. In einer Sendung von »Hallo Niedersachsen«[4] habe ich zum ersten Mal von einem »Lipstick-Effekt« gehört. Der bedeutet, dass Menschen sich in wirtschaftlich schwierigen Zeiten, in denen sie große Anschaffungen oder Reisen zurückstellen müssen, sich gern einen kleinen Luxus – wie einen Lippenstift – leisten. Interessant! Wenn alles schwierig ist, es eng wird im Leben, signalisiert ein Tusch Rot auf den Lippen: Ich bin noch da. Ich nehme die Herausforderung an. Rot also: Farbe der Hoffnung auf Liebe, auf Gemeinsamkeit, Freundschaft, Gehaltensein und Kraft.

ch. münd

BLAU
Hoffnung auf Gerechtigkeit

Mit großem Schwung hat Eberhard Münch eine Welle von Blau in Szene gesetzt. Ja, Wasser hat eine immense, auch zerstörerische Kraft, wenn es sich Bahn bricht. Die Überschwemmungen im Ahrtal 2021 und in Süddeutschland 2024 haben uns das vor Augen geführt. Aber wir verbinden mit dem Blau des Wassers und des Himmels auch viele innere Bilder.

Wenn ich an Tagen, an denen das Meer ganz ruhig ist und am Horizont das Blau des Wassers in das Blau des Himmels übergeht, am Ostseestrand stehe, spüre ich manchmal so etwas wie tiefen inneren Frieden. Alles ist gut. Alles ausgeglichen. Alles ruhig. So könnte es sein, das Leben. Oder mit der Vaterunserbitte: »Wie im Himmel so auf Erden«. Es könnte so schön, gerecht und friedlich sein auf diesem Planeten, wie wir es uns im Himmel vorstellen. Aber so, wie an der Ostsee auch wieder Tage mit heftigen Wellen kommen, so werden unsere Gesellschaft, unser Land, unsere Welt immer wieder aufgewühlt durch ungerechte Verhältnisse.

*

Nun ist die Farbe Blau inzwischen etwas in Verruf gekommen, weil eine Partei sie für sich gewählt hat, die Hass und Unfrieden sät in unserem Land. Aber so wenig ich mir Braun durch politische Optionen vergällen lasse, so wenig auch das wunderbare Blau des Himmels, des Wassers, das tiefe Nachtblau und das helle Blau am Bach. Das Blau der AfD steht auf jeden Fall nicht für Gerechtigkeit. Sie will Gerechtigkeit verteilen nach Herkunft und hängt an ewiggestrigen Fantasien von »Volksdeutschen«, die sie biologisch definieren will. Für mich ist das auf gar keinen Fall eine Alternative zu dem freien, demokratischen, vielfältigen Deutschland, in dem ich aufwachsen durfte.

Seit öffentlich wurde, dass es im November 2023 in Potsdam ein Treffen gab, bei dem Rechtsextreme, unter ihnen AfD-Mitglieder, von »Remigration« sprachen und dieses Wort zur Umschreibung geplanter Zwangsdeportationen nutzten, muss allen klar sein, was sie wählen, wenn sie bei diesem Blau ihr Kreuz machen. Der Thüringer AfD-Vorsitzende Björn Höcke, der laut Urteil des Verwaltungsgerichts Meiningen straffrei als »Faschist« bezeichnet werden darf, hat erklärt, es werde unter einer politischen Führung der AfD zu »wohltemperierten Grausamkeiten« kommen. Das ist seine Umschreibung gewaltsamer Vertreibung von Menschen, die in Deutschland beheimatet sind. Mit Gerechtigkeit hat das nichts zu tun. Und es ist auch kein zukunftsorientiertes Programm, sondern eines, das im nationalsozialistischen Gedankengut von vorgestern verhaftet ist.

*

Meine Großmutter mütterlicherseits stammt aus Schlesien, mein Großvater mütterlicherseits aus Hinterpommern, beides liegt im heutigen Polen. Die Großeltern väterlicherseits stammten aus Westfalen. Deshalb bin ich aber nicht deutscher als andere in meinem Alter. Unser Jugendfreund Metin etwa, dessen Eltern einst aus der Türkei hierherkamen, und der längst deutscher Großvater ist. Oder

Maryam, die aus dem Iran stammt, Dennis geheiratet und mit ihm eine kleine Tochter hat. Wir alle sind Deutsche! Die Berliner Politikwissenschaftlerin Naika Foroutan hat das treffend formuliert: Wir brauchen eine postmigrantische Definition von Deutschsein statt einer, die sich auf Ariernachweise der Nazis bezieht.

Wäre die Generation meiner Großeltern wachsamer gewesen und auch klar zu demokratischer Haltung erzogen, hätten sie die üble braune Saat rechtzeitig stoppen können. So hätten sie verhindert, dass der Wahnsinn der Nationalsozialisten Millionen Juden auf dem Gewissen hat – auch Homosexuelle, Sinti und Roma, Kommunisten, Gewerkschafter und viele andere. Die Nazis haben Europa mit einem Vernichtungsfeldzug in Schutt und Asche gelegt. Am Ende auch unser Land. Das muss uns doch eine Lehre sein für die Situation heute!

Jeder und jede vierte Deutsche hat Großeltern oder Eltern, die nicht in diesem Land geboren wurden, sprich: einen Migrationshintergrund haben. Wir leben zusammen in Vielfalt, in dem es kein DIE oder WIR gibt, sondern ein UNS: Menschen, die miteinander dieses Land gestalten, das wir lieben. Wir alle, die trotz verschiedener Herkunft gemeinsam gern hier leben, sind das Volk. Deutschland ist unsere Heimat. Wir lassen niemanden zwangsdeportieren. Dafür steht die Brandmauer von Menschen, die unsere Demokratie verteidigen, sie sind das WIR. Wir haben es nach langem Ringen geschafft, ein freies, lebendiges, vielfältiges Land zu werden in einem offenen Europa! Uns wurde die Hand gereicht von Nationen, die wir mit Krieg und Leid überzogen haben. Wie bereits gesagt: Jeder und jede Vierte von uns haben Großeltern oder Eltern, die nicht hier geboren wurden. Aber wir alle lieben dieses Land als unsere Heimat. Klar, das führt manchmal zu Auseinandersetzungen. Aber das ist in jeder Gemeinschaft, in jeder Familie so. Wichtig ist: Nicht Herkunft zählt, sondern Zukunft. Und die gestalten wir miteinander.

Ich will nicht zurück in ein vermeintlich »rassenreines« Nazideutschland, sondern gemeinsam mit vielen, mit Juden, Christen, Muslimen und Menschen anderer oder ohne Religion dieses Land gestalten. Es geht um ein Selbstverständnis von Deutschland, das sich nicht mit unseren Großeltern und irgendwelcher Abstammung beschäftigt, sondern mit unserer Zukunft, mit unseren Kindern und Enkeln! Es geht um ein Zusammenleben in einem fröhlichen, bunten, vielfältigen Land und nicht in der braunen Tristesse derer, die alle ausgrenzen wollen, die nicht aussehen wie sie selbst. Was für eine gähnende Langeweile würde sich ausbreiten, wenn deutsche Identität nur noch die Identitären wären!

Im Übrigen hat die AfD auch nicht Gerechtigkeit für »kleine Leute« im Sinn, wie viele ihrer Wählerinnen und Wähler annehmen. Der Wirtschaftsexperte Marcel Fratzscher erklärt, das Programm von weniger Steuern für Spitzenverdiener bedeute in der Praxis eine stärkere Belastung vor allem für Menschen mit geringem Einkommen. Es seien überwiegend AfD-Wählerinnen und -Wähler, die letztlich den Preis in der Form von weniger staatlichen Leistungen und höheren Steuern zahlen würden für die Steuerentlastung für die Spitzenverdiener.[5] Mit sozialer Gerechtigkeit hat die Partei also nichts am Hut.

Erst einmal können wir sagen: Unter Gottes blauem Himmel sind alle Menschen gleich. Aber das stimmt nicht. Denken wir allein an unser eigenes Land. Jedes fünfte Kind wächst in Armut auf. Und wer in Armut aufwächst, hat erwiesenermaßen eine viel geringere Chance auf einen guten Schulabschluss als ein Kind, das in einem gut versorgten Haushalt groß wird. Ich selbst hatte das große Glück, in einer Zeit aufzuwachsen, in der die soziale Schere eher zu als aufging. Meine Großväter starben im bzw. nach dem Zweiten Weltkrieg. Meine

Großmütter wurden ausgebombt bzw. mussten die Heimat verlassen. Somit hatten meine Eltern nach dem Zweiten Weltkrieg keinerlei Besitz, nichts, gar nichts. Aber sie hatten die große Chance, sich etwas aufzubauen. Meine Eltern hatten beide kein Abitur, aber wir Töchter konnten das Abitur machen und studieren. Das ist heute wieder sehr unwahrscheinlich geworden, soziale Herkunft und Bildungsabschluss hängen nachgewiesenermaßen zusammen.

*

Wenn ich bei den Einschulungen meiner Enkelkinder dabei bin, denke ich jedes Mal: Nicht mit der Schule fängt der Ernst des Lebens an, der hat längst angefangen. Da kommen Kinder in die erste Klasse, die schon lesen und schreiben können, mit unzähligen Bilderbüchern aufgewachsen sind, aus denen ihnen vorgelesen wurde. Und es kommen Kinder in die Schule, die noch nie zuvor ein Buch in der Hand hatten. Die Ausgangslage im Leben ist von Anfang an sehr unterschiedlich. Ein Schritt in die richtige Richtung wäre zumindest, wenn es ein Pflichtjahr im Kindergarten vor der Einschulung gäbe, in dem Kinder sprachlich und in ihren Lernkompetenzen spielerisch, aber gezielt, auf die Schule vorbereitet werden. Und auch eine Kindergrundsicherung, die ein Aufsuchen und Begleiten von Familien beinhaltet, statt einem Verwalten von Anträgen, könnte für viele Kinder die Startchancen deutlich verbessern.

Ungerecht geht es auch für viele Erwachsene zu. Denken wir an die schlecht bezahlten Paketboten. Einer von ihnen hat mir erzählt, wie seine Tour läuft. Er muss pünktlich bei der Auslieferung sein, der Wagen wird voll beladen, die Route berechnet der Computer. Er hat umgerechnet zweieinhalb Minuten pro Paket für die Auslieferung. Das funktioniert, wenn er einen Platz zum Halten findet, nur kurz klingeln muss, sofort jemand öffnet und ihm entgegenkommt. Wenn niemand öffnet, versucht er es beim Nachbarn. Das dauert – zu lange. Am schlimmsten sagt er, sind die 20 Kilo schweren Katzenfutterpakete, die er fünf Stockwerke hochschleppen muss und dann steht da einer im Bademantel und motzt ihn an, dass es so lange dauert. Pünktlich kommt er nie nach Hause.

Es geht auch um Ungerechtigkeit im weltweiten Kontext. Da sagt mir ein Unternehmer mit stolzgeschwellter Brust, wir in Deutschland hätten schließlich ein wirtschaftsstarkes Land aufgebaut. Und jetzt kämen irgendwelche Schmarotzer aus Syrien, dem Iran oder Afghanistan, wollten sich ins gemachte Nest setzen und Sozialleistungen kassieren. Es sind auch weltweite ungerechte Strukturen von Wirtschaftsbeziehungen und Preisdiktaten – teilweise wurzeln sie noch im kolonialen Erbe –, die unser Land auf die Sonnenseite des Lebens stellen. Wir in Deutschland können froh sein, nach 1945 hier leben zu können. Kein zerstörerischer Krieg wie in Syrien oder Afghanistan. Kein Mullahregime wie im Iran. Kein jahrzehntelanger Bürgerkrieg wie im Sudan. Keine inflationäre Dauerkrise wie in Argentinien. Es ist keine Leistung, in diesem Land leben zu können, sondern schlicht Glück, für das wir dankbar sein sollten. Apropos Flüchtlinge: Für viele, die aus Syrien, Afghanistan oder dem Iran in unser Land gekommen sind, jahrelang in Massenunterkünften leben müssen, den Landkreis nicht verlassen dürfen, nicht arbeiten dürfen, keinen Sprachunterricht erhalten, ist es bitter, dass Geflüchtete aus der Ukraine sofort arbeiten, sich frei bewegen dürfen und Bürgergeld erhalten. Es sei ihnen gegönnt, sagen sie. Aber gerecht ist auch diese so unterschiedliche Behandlung nicht.

*

Ganz persönlich habe ich in meinem Leben viele Chancen geschenkt bekommen. Aber immer wieder wurde ich auch ausgebremst. Als ich 1985 ordiniert wurde und mir mit meinem Mann eine Stelle teilen wollte, erklärte mir die Kirchenleitung, das sei der Gemeinde nicht zumutbar. Eine Mutter, die demnächst drei kleine Kinder hätte, könne nicht ernsthaft eine halbe Stelle versorgen wollen. Es war schließlich erst ein paar Jahre her, dass Frauen die so hart erstrittenen Ordinationsrechte bei Heirat abgeben mussten. Da es für ein Ehepaar nur eine Stelle gab – wir Babyboomer waren immer und überall zu viele – musste ich also überlegen, wie ich mit der Situation umgehe. Ich gab klein bei, mein Mann bekam die ganze Stelle.

Dr. Werner Simpfendörfer, damals Leiter der Evangelischen Akademien in Europa, ermutigte mich, die Zeit zu nutzen und zu promovieren. Ich habe ein wenig gezögert: Promovieren, schaffe ich das? Werner Simpfendörfer organisierte für mich einen Termin bei Dr. Konrad Raiser, der an der Ruhr-Universität Bochum den Lehrstuhl für Ökumenische Theologie innehatte. In unserem ersten Gespräch fragte er mich, wofür ich mich denn interessiere. Ich sagte: »Gerechtigkeit« – und erzählte von den Erfahrungen in meinem Auslandsschuljahr in den USA, den Begegnungen, die mir Reisen mit dem Ökumenischen Rat der Kirchen ermöglicht hatten. Konrad Raiser gab mir zwei Bücher, sagte: »Lesen Sie die und dann kommen sie wieder.«

Zum einen muss ich sagen, das mich bis heute beeindruckt, wie Konrad Raiser mit mir umging. Er diktierte mir nicht ein Thema, das ich abzuarbeiten hätte, wie das andere »Doktorväter« tun, sondern ließ mich ein Thema entwickeln, das mich wirklich interessierte. Ich denke, nur so lässt sich der steinige Weg einer Promotion überhaupt durchstehen. Und er machte keine Vorgaben, fragte nicht skeptisch, wie das denn mit drei kleinen Kindern gehen solle, sondern traute mir schlicht zu, das zu schaffen.

In den folgenden drei Jahren habe ich mich mit den Diskussionen im Ökumenischen Rat der Kirchen beschäftigt. Für mich war es faszinierend, mich in all die Texte, Protokolle, Auseinandersetzungen einzulesen. Nun werde ich hier nicht die ganze Doktorarbeit referieren[6], solche wissenschaftlichen Texte sind in der Regel eher fad. Aber viele Erkenntnisse sind für mein weiteres Arbeiten und Predigen wichtig geblieben:

Zum einen zeigt sich im Ökumenischen Rat der Kirchen ab 1966 ein Perspektivwechsel der Diskussionen. Als er 1948 in Amsterdam gegründet wurde, repräsentierten die heute viel gescholtenen alten weißen Männer die Kirchen der Welt. Es war eine Zeit, in der »Kirchenführer« schlicht Männer aus Nordamerika und Europa waren. Die Kirchen in Afrika, Asien und Südamerika wurden durch weiße Missionare vertreten. Das ist heute unvorstellbar. Wer aber ein Foto der Vollversammlung in Vancouver 1983 sieht, an der ich als Jugenddelegierte teilnehmen konnte, sieht die Veränderung: Es zeigt eine bunte Vielfalt des Volkes Gottes, Junge und Alte, Frauen und Männer, Menschen unterschiedlicher Hautfarben und Bekleidung. Für mich ganz persönlich war das eine überwältigende Erfahrung. Ich hatte gerade mein erstes theologisches Examen absolviert, doch nirgends war im Studium die Dimension der Weltkirche, der Vielfalt der Theologie thematisiert worden. Befreiungstheologie, Theologie der Ureinwohner, orthodoxe Spiritualität – all das kam schlicht nicht vor in einem traditionellen deutschen Theologiestudium.

Der Veränderungsprozess im Ökumenischen Rat der Kirchen fand statt, weil »die Armen« nicht länger als Objekte der Zuwendung »der Reichen« gesehen wurden, sondern als Subjekte. Wir sprechen heute vom »globalen Süden«, wobei auch das inzwischen als allzu pauschale Einteilung der Welt angesehen wird. Damals hieß es noch »Entwicklungsländer«. Auch da zeigt Sprache eine Veränderung der Wahrnehmung. Die Menschen aus Afrika, Asien, Lateinamerika erhoben selbst ihre Stimmen im globalen Kontext. Es wurde nicht länger über sie oder für sie gesprochen, als seien sie unfähig, selbst sprachmündig zu sein. Sie mussten sich nicht länger entwickeln hin auf Normen, die von Nordamerika oder Westeuropa vorgegeben wurde, sondern sie haben selbst eingebracht, was ihnen wichtig ist, ihre eigene Theologie und Spiritualität entwickelt und selbstbewusst vertreten.

Zum anderen ist mir deutlich geworden, wie stark Theologie vom Kontext bestimmt ist. Die Auslegung der Bibel ist immer auch von dem Umfeld geprägt, in dem sie gelesen wird. Zwei Beispiele: Als ich in Australien mit einer Delegation aus Deutschland einen Gottesdienst bei den Ureinwohnern, den Aborigines, besuchte, rief der Pfarrer im Gebet die Ahnen an. Die deutschen Theologen waren empört, das sei vorchristlich, heidnisch. Der Pfarrer antwortete: »Glauben Sie, der Heilige Geist hat erst auf Captain Cook gewartet, bis er in Australien gewirkt hat?« Und gebe es nicht auch bei uns Ahnenkult, fragte er, wenn in katholischer Tradition Heilige verehrt werden oder ständig das Erbe Martin Luthers aufgerufen wird?

Ein anderes Beispiel: Anfang 2024 habe ich auf Youtube die bewegende Predigt eines Kollegen in Bethlehem zu Weihnachten (»Christ under the rubber«) gesehen. Pfarrer Munther Isaac sprach mit Blick auf eine Krippendarstellung, in der das neugeborene Jesuskind mitten unter Trümmern liegt. »Würde Jesus heute geboren«, sagt er, »würde er als Kind in den Trümmern von Gaza liegen.« Das kann nur er als Palästinenser in seiner Situation, angesichts der entsetzlichen Lage der Zivilbevölkerung predigen. Aber so, wie er es sagt, ist es passend.

Wir als Deutsche sind hin- und hergerissen, weil uns bewusst ist, dass das Land Israel für die in Nazideutschland verfolgten Jüdinnen und Juden ein sicherer Hafen war. Der 7. Oktober 2023, das entsetzliche Massaker der Hamas, hat diesen Hafen gefährdet. Und doch ist Jesus von unseren theologischen Überzeugungen her eben bei allen Opfern, bei denen, die Unrecht erleiden. Bei den Ermordeten, Verletzten und als Geisel Verschleppten, die Opfer der Hamas sind. Und bei den Leidenden in Gaza, die Opfer der militärischen Vergeltung Israels sind. Diese Krippe mit dem Jesuskind mitten in den Trümmern in Gaza ist ein Sinnbild kontextueller Theologie.

*

In den drei Jahren der Entstehung meiner Doktorarbeit wurde mir bei all der Lektüre immer deutlicher: Es lässt sich nicht im luftleeren Raum predigen. Recht und Unrecht spielen in der Bibel immer wieder eine Rolle. In der Konsequenz muss das auch für unsere Kirche so sein. Als Buchveröffentlichung habe ich die Doktorarbeit »Die eucharistische Vision« betitelt, mit dem Untertitel »Armut und Reichtum als Anfrage an die Einheit der Kirche«. Mir ist beim Schreiben klar geworden, dass die Glaubwürdigkeit unserer Existenz als Kirche davon abhängt, ob wir als Christinnen und Christen, als Kirchen für Gerechtigkeit eintreten, den Menschen eine Stimme geben, die unter Unrecht leiden. Wir dürfen sie nicht nur karitativ versorgen, sondern müssen sie als Subjekte sehen. Wenn von Einheit der Kirche die Rede ist, geht es meist um dogmatische Fragen: Wie verstehen wir das Amt, was bedeutet die Präsenz von Christus im Abendmahl. Aber viel stärker als dogmatisch ist die Einheit der Kirche durch Unrecht in der Welt gefährdet. Kurz gefasst: Wir können nicht glaubwürdig Brot und Wein im Abendmahl oder der Eucharistie teilen, wenn wir nicht ganz real in dieser Welt das teilen, was Menschen zum Leben brauchen.

Nun werden manche sagen: Jetzt heißt es wieder, wir müssten etwas tun, damit wir gute Christinnen und Christen sind. Aber da muss doch Luthers Rechtfertigungslehre ins Spiel kommen. Die besagt schließlich, dass nichts, was wir leisten oder tun, uns vor Gott gerecht macht, sondern allein die Lebenszusage Gottes, Gottes Gnade. Denn sonst wären wir die Überheblichen, die meinen, sie führten das »richtige« Leben, und verlören die Demut, zu sehen, wie viel falsch läuft. Doch Rechtfertigungslehre und Ermutigung zum Handeln gehören zusammen.

Mir ist sehr bewusst, wie privilegiert ich leben konnte und kann. Und mir ist klar, dass wir im reichen Norden der Welt viel mehr tun müssten, um für ausgleichende Gerechtigkeit zu sorgen. Mit diesem Versagen können wir im Grunde nur leben, wenn uns bewusst ist, dass wir auf Gnade angewiesen sind. Viele sagen, das verstehe niemand mehr. Aber jeder, der sich vorstellt, vor einem Richter zu stehen, zu wissen, ja, ich habe Fehler gemacht, begreift, was ein Urteil allein aus Recht ist oder eines, das Gnade kennt …

*

Die Hoffnung auf Gerechtigkeit ist wichtig für unsere Welt. Wenn wir die Hoffnung verlieren, dass Gerechtigkeit gelingen kann, dann wird die Welt ein trostloser Ort. Der frühere tschechische Präsident Vaclav Havel hat gesagt, Hoffnung sei nicht die Überzeugung, dass etwas gut ausgehe, sondern die Gewissheit, dass etwas Sinn hat, egal wie es ausgeht. Das ist für mich überzeugend. Deshalb werde ich mich weiter für Gerechtigkeit engagieren, auch wenn ich sehe, wie entsetzlich wenig sich zum Besseren verändert hat in den letzten Jahrzehnten.

Dabei ist mir auch wichtig, dass Gerechtigkeit nicht bedeutet: Alle haben dasselbe. Das war – und ist – der Irrglaube des Kommunismus. Man kann nicht alle Menschen gleichmachen, denn Menschen sind verschieden, Individualität hat ihr Recht.

Wir wissen, dass es einen Grad an Zufriedenheit gibt, den noch mehr Geld nicht steigern kann. Bei den Auseinandersetzungen, die derzeit oft zwischen meiner Generation der Babyboomer (Geburtsjahrgänge 1950–1965) und den Millenials oder Generation Y (Geburtsjahrgänge 1980–1995) bzw. der Generation Z (Geburtsjahrgänge 1995–2010) diagnostiziert werden, heißt es, die einen wollten möglichst viel arbeiten, um sich viel leisten zu können. Die anderen wollten weniger arbeiten, um ihr privates Leben zu genießen. Das alles ist natürlich holzschnittartig zusammengefasst. Aber ich denke, es trifft tatsächlich eine Lebenshaltung. Wahrscheinlich haben die Jüngeren recht, das Leben ist zu kurz, um es nur über Arbeit zu definieren. Andererseits ist Arbeit für viele von uns Älteren eben auch Teil des Lebens im positiven Sinne. Stefan Heuser hat das in einem Artikel über Identität und Arbeit für mich in einen konstruktiven theologischen Kontext gestellt. Er schreibt: »Durch das, was Gott für Menschen tut, wird die Bedeutung von Arbeit für das Selbst des Menschen heilsam begrenzt und auf die Erhaltung des Lebens in Befreiung von der Selbstsorge zurückgefahren. Arbeit gehört in all ihrer Ambivalenz zum Selbstwerden und Selbstbleiben von Menschen dazu. Die biblischen Traditionen von Ethik insistieren (aber) darauf, dass Arbeit begrenzt werden muss, um nicht total zu werden und das ganze Leben von Menschen zu bestimmen. … Identität und Arbeit sind demnach zu unterscheiden, aber nicht zu trennen.«[7] Diese Argumentation ist für mich hilfreich.

*

Dem schließe ich einen biblischen Text an, der passend ist zum Thema: das Gleichnis von den Arbeitern im Weinberg. Jesus erzählt es so:

Denn das Himmelreich gleicht einem Hausherrn, der früh am Morgen ausging, um Arbeiter anzuwerben für seinen Weinberg. Und als er mit den Arbeitern einig wurde über einen Silbergroschen als Tagelohn, sandte er sie in seinen Weinberg.

Und er ging aus um die dritte Stunde und sah andere auf dem Markt müßig stehen und sprach zu ihnen: Geht ihr auch hin in den Weinberg; ich will euch geben, was recht ist. Und sie gingen hin. Abermals ging er aus um die sechste und um die neunte Stunde und tat dasselbe. Um die elfte Stunde aber ging er aus und fand andere stehen und sprach zu ihnen: Was steht ihr den ganzen Tag müßig da? Sie sprachen zu ihm: Es hat uns niemand angeworben. Er sprach zu ihnen: Geht ihr auch hin in den Weinberg.

»Als es nun Abend wurde, sprach der Herr des Weinbergs zu seinem Verwalter: Ruf die Arbeiter und gib ihnen den Lohn und fang an bei den letzten bis zu den ersten. Da kamen, die um die elfte Stunde angeworben waren, und jeder empfing seinen Silbergroschen. Als aber die Ersten kamen, meinten sie, sie würden mehr empfangen; und sie empfingen auch ein jeder seinen Silbergroschen. Und als sie den empfingen, murrten sie gegen den Hausherrn und sprachen: Diese Letzten haben nur eine Stunde gearbeitet, doch du hast sie uns gleichgestellt, die wir des Tages Last und die Hitze getragen haben.

Er antwortete aber und sagte zu einem von ihnen: Mein Freund, ich tu dir nicht Unrecht. Bist du nicht mit mir einig geworden über einen Silbergroschen? Nimm, was dein ist, und geh! Ich will aber diesem Letzten dasselbe geben wie dir. Oder habe ich nicht Macht zu tun, was ich will, mit dem, was mein ist? Siehst du darum scheel, weil ich so gütig bin? So werden die Letzten die Ersten und die Ersten die Letzten sein.« (Matthäus 20, 1–16)

Für mich ist faszinierend, dass hier Gott – bzw. der Herr des Weinbergs – sich dem Gezerre um Gerechtigkeit entzieht. Ihm ist wichtig, dass alle den Silbergroschen haben, den sie für ihr Auskommen benötigen. Ist das gerecht? Im Grunde ja. Es entspricht letzten Endes der Idee eines bedingungslosen Grundeinkommens. Erst einmal erhalten alle, was sie zum Leben brauchen. Diejenigen, die damit zufrieden sind, haben ein Auskommen, das sie in Würde leben lässt. Und diejenigen, die mehr leisten wollen, oder auch schlicht mehr Kraft haben als andere, können das tun. Sie können, anders als im Gleichnis, auch mehr verdienen. In einer Welt, die das akzeptiert, sind sie dann auch nicht Neid ausgesetzt. Aber niemand bereichert sich auf Kosten des anderen. Vielmehr geht es um ein Zusammenwirken, das allen das Notwendige zum Leben gönnt und gibt, damit alle in Frieden miteinander leben können. Eine Welt, in der alle die gleichen Voraussetzungen und Chancen haben, dann aber individuell entscheiden, ob sie damit glücklich und zufrieden sind, oder mehr wollen, könnte eine sein, in der Gerechtigkeit die Grundlage des Zusammenlebens ist. Eine Utopie in Blau sozusagen. Auf jeden Fall eine positive Hoffnung, wie es sein könnte in einer idealen Welt…

GELB
Hoffnung auf Bewahrung der Schöpfung

Warum Gelb als Farbe der Schöpfung? Für mich ist die Verbindung der Anblick blühender Rapsfelder, die mich in jedem Jahr begeistern, wenn ich mit dem Zug oder dem Auto unterwegs bin. Was für eine intensive, energiegeladene Farbe, die so viel Kraft der Natur zeigt! Gelb gilt auch als Farbe der Sonne, steht für Licht und damit für herrliche Tage im Freien. »Geh aus mein Herz und suche Freud«, das alte Lied von Paul Gerhardt klingt in mir, wenn ich an leuchtendes Gelb denke. Gelb ist eine Komplementärfarbe, die wir das ganze Jahr über in der Natur finden, vom Raps über die Sonnenblumen bis zum leuchtenden Blättergelb im Herbst.

»Omi! Schau mal!«, ruft meine Enkeltochter begeistert. Sie hat Feuerkäfer entdeckt, die in einer Ecke des Gartens rumwimmeln. Ob die Bezeichnung richtig ist, weiß ich gar nicht. Aber sie nennt sie so und ist absolut fasziniert, wie sie kriechen und krabbeln. Also beobachten wir gefühlt eine halbe Stunde lang diese Käfer, die aufgeregt hin und her laufen. Mich hat diese Begeisterung meiner Enkeltochter mitgerissen. Ich war fasziniert, habe mich hingesetzt, mit ihr beobachtet und gestaunt. Da können Kinder uns Erwachsene das Staunen lehren. Wahrscheinlich hätte ich selbst diese Käfer gar nicht gesehen.

Wann waren sie das letzte Mal begeistert über etwas, das Sie in der Natur gesehen haben? Dieses Bild der Rapsfelder beispielsweise oder das Käferbestaunen würde ich am liebsten innerlich abspeichern.

Ähnlich muss es dem Dichter ergangen sein, der Psalm 104 verfasst hat, in dem das Lob des Schöpfers gesungen wird:

Lobe den HERRN, *meine Seele!*
HERR, *mein Gott, du bist sehr groß;*
in Hoheit und Pracht bist du gekleidet.
Licht ist dein Kleid, das du anhast.
Du breitest den Himmel aus wie ein Zelt;
du baust deine Gemächer über den Wassern. …
Du lässest Brunnen quellen in den Tälern,
dass sie zwischen den Bergen dahinfließen,
dass alle Tiere des Feldes trinken
und die Wildesel ihren Durst löschen.
Darüber sitzen die Vögel des Himmels
und singen in den Zweigen.
Du tränkst die Berge von oben her,
du machst das Land voll Früchte,
die du schaffest.
Du lässest Gras wachsen für das Vieh
und Saat zu Nutz den Menschen,
dass du Brot aus der Erde hervorbringst,
dass der Wein erfreue des Menschen Herz
und sein Antlitz glänze vom Öl
und das Brot des Menschen Herz stärke.
Die Bäume des HERRN *stehen voll Saft,*
die Zedern des Libanon, die er gepflanzt hat.
Dort nisten die Vögel,
und die Störche wohnen in den Wipfeln.
Die hohen Berge geben dem Steinbock Zuflucht
und die Felsklüfte dem Klippdachs.
Du hast den Mond gemacht,

das Jahr danach zu teilen;
die Sonne weiß ihren Niedergang.
Du machst Finsternis,
dass es Nacht wird;
da regen sich alle Tiere des Waldes,
die jungen Löwen, die da brüllen nach Raub
und ihre Speise fordern von Gott.
Wenn aber die Sonne aufgeht,
heben sie sich davon
und legen sich in ihre Höhlen.
Dann geht der Mensch hinaus an seine Arbeit
und an sein Werk bis an den Abend.
HERR, *wie sind deine Werke so groß und viel!*
Du hast sie alle weise geordnet,
und die Erde ist voll deiner Güter....
(Psalm 104, 10–24)

Ein sehr langer Psalm! Am Ende wird zusammengefasst, was in 35 Versen insgesamt ausgedrückt wird: Bewunderung für die großartige Schöpfung Gottes. Es wird gestaunt über Berge und Flüsse, über Weizen und Wein, über das Gewimmel im Meer ebenso wie über die vielen Tiere an Land. Wenn ich den Psalm lese, merke ich: Dieser Funke der Begeisterung springt echt über, auch wenn der Psalmdichter die Worte vor mehr als zwei Jahrtausenden geschrieben hat. Es ist sozusagen das Gelb der Rapsfelder-Begeisterung.

Auch im Bild von Eberhard Münch klingt das an: Die Schönheit eines lichtdurchfluteten Raumes, in dem wir uns wohl fühlen können, das Lob Gottes; Stufen, auf denen wir gedanklich emporsteigen können.

*

Aber können wir das heute so klar sagen: Gott hat die Welt geschaffen? Inzwischen ist doch wissenschaftlich nachgewiesen, dass sie sich nach und nach entwickelt hat, Darwin lässt grüßen. Es gibt sogenannte Kreationisten, die die Evolutionstheorie ablehnen. Sie bestehen darauf, dass die Schöpfung exakt so abgelaufen sei, wie es im ersten Buch Mose steht, nichts anderes darf ihrer Meinung nach gelehrt werden.

Doch da fängt das Problem schon an, es gibt in der Bibel nun mal zwei Schöpfungsgeschichten. Die erste berichtet davon, dass Gott zunächst Himmel und Erde schafft. Die Erde war aber war *tohuwabohu* – das ist hebräisch und bedeutet öd und leer. Also trennt Gott zunächst Dunkel und Licht, Wasser und Land, lässt Bäume und Kräuter wachsen. Anschließend erschafft Gott die Tierwelt. Es entstehen wahrhaft blühende Landschaften. Der Schöpfer selbst befindet, das sei alles gut. Zuletzt wird der Mensch geschaffen als Mann und Frau. Fruchtbar sollen sie sein, sich die Erde untertan machen und über die Tierwelt herrschen. Aus dem Chaos entsteht Ordnung, eine Ordnung allerdings, die wir heute als problematisch betrachten. Zum einen, weil im alten Israel eine hohe Geburtenrate zwar erstrebenswert war, wir heute aber mit der Herausforderung von bald acht Milliarden Menschen auf der Erde konfrontiert sind. Zum anderen, weil uns bewusst ist, dass der Mensch sich die Erde nicht nur untertan gemacht hat, sondern sie gnadenlos ausbeutet, nicht nur über die Tierwelt herrscht, sondern sie brutal behandelt, als sei sie nicht Mitgeschöpf.

Und die zweite Schöpfungsgeschichte? In ihr schafft Gott zunächst einen paradiesischen Garten. Dann wird der Mensch geschaffen, und weiter heißt es: *Er setzte ihn in den Garten Eden, dass er ihn bebaute und bewahrte.* (1. Mose 2,15) Bebauen und bewahren also statt untertan machen, das klingt wesentlich harmonischer. Hinzu kommt die Frau, damit der Mensch nicht allein sei, direkt aus der Rippe des ersten Menschen geschaffen. Weil diese klug werden will, missachtet sie Gottes Gebot, nicht vom Baum der Erkenntnis zu essen. Sie reicht Adam die Frucht, und der hat offenbar alle Vorsicht vergessen und beißt zu. In der Folge werden beide aus dem Garten Eden vertrieben. Vom wohltemperierten Zustand also hinein in das Chaos der Welt. Kein Paradies mehr – ein Zustand, den wir noch heute täglich spüren. So heißt es: *Da wies ihn Gott der Herr aus dem Garten Eden, dass er die Erde bebaue, von der er genommen war.* (1. Mose 3,23)

Übrigens: Im ersten Kapitel des Mosebuches, in der so genannten ersten Schöpfungsgeschichte heißt es: *Sehet da, ich habe euch gegeben alle Pflanzen, die Samen bringen auf der ganzen Erde, und alle Bäume mit Früchten, die Samen bringen, zu eurer Speise.* (1. Mose, 1, 29) Hieraus ziehen christliche Vegetarier ihre Argumentationsgrundlage. Später nach der Sintflut wird auch der Fleischgenuss erlaubt …

In der Theologie hat das Thema Schöpfung vor dem 20. Jahrhundert nur selten eine relevante Rolle gespielt. Der wohl bekannteste und erste Theologe, der Schöpfungsbewahrung im Mittelalter zu seinem Leitthema gemacht hat, war Franz von Assisi, der 1182 bis 1226 lebte. Er verehrte die Natur, liebte sie als Gottes Schöpfung. Sonne und Mond waren ihm Bruder und Schwester. So heißt es in seinem berühmten Sonnengesang:

Gelobt seist du, mein Herr, mit allen deinen Geschöpfen,
besonders dem Herrn Bruder Sonne,
der uns den Tag schenkt und durch den du uns leuchtest.

Und schön ist er und strahlend in großem Glanz:
von dir, Höchster, ein Sinnbild.

Gelobt seist du, mein Herr, für Schwester Mond und die Sterne.
Am Himmel hast du sie geformt, klar und kostbar und schön.

Gelobt seist du, mein Herr, für Bruder Wind,
für Luft und Wolken und heiteres und jegliches Wetter,
durch das du deine Geschöpfe am Leben erhältst.

Gelobt seist du, mein Herr, für Schwester Wasser.
Sehr nützlich ist sie und demütig und kostbar und keusch.

Gelobt seist du, mein Herr, für Bruder Feuer,
durch den du die Nacht erhellst.
Und schön ist er und fröhlich und kraftvoll und stark.

Gelobt seist du, mein Herr, für unsere Schwester Mutter Erde,
die uns erhält und lenkt
und vielfältige Früchte hervorbringt, mit bunten Blumen und Kräutern.

*

Auf weiblicher Seite ist es Hildegard von Bingen (1098–1179), die für Schöpfungstheologie steht. In ihrem »Buch der göttlichen Werke« geht es um die Verbundenheit des Menschen mit der Schöpfung, eine Wechselbeziehung aller Lebewesen wird beschrieben. Gewissenhaftes Handeln des Menschen ist Auftrag Gottes für Hildegard von Bingen. Ihr Wissen um die Heilkräfte von Kräutern ist bis heute für viele wegweisend.

Einer der ersten Theologen, der die Ehrfurcht vor der Schöpfung in unserem Zeitalter bedacht hat, war Albert Schweitzer. In einem kleinen Aufsatz beschrieb er 1963, wie sein Konzept der »Ehrfurcht vor dem Leben« entstanden ist[8]. Er sieht den Ursprung dieser Haltung bereits in seinem Mitleid mit Tieren als Kind. Später als Student erlebt er in Straßburg die Auseinandersetzung zwischen den Gedanken von Friedrich Nietzsche, der von einem »Übermenschen« spricht, der sich nicht an der »Sklavenmoral« der Liebe, sondern an der »Herrenmoral« des Willens zur Macht orientiert. Im Gegensatz dazu sieht Schweitzer die Texte von Tolstoi mit der bewussten Bejahung einer ethischen Grundhaltung. »Ich bin Leben, das leben will, inmitten von Leben, das leben will«, lautet der zentrale Satz von Schweitzers Ethik. Seine ethischen Überlegungen zeigen zwar geradezu den Beginn der ökologischen Bewegung, Schweizer war aber das Ausmaß der Zerstörung der ökologischen Grundlagen, wie wir sie heute kennen, nicht bewusst. Die Klimakatastrophe, die Zerstörung des Regenwaldes, das Aussterben vieler Arten – in unserem Alltag verdrängen wir ständig, wie unser Lebensstil unsere eigenen Lebensgrundlagen vernichtet. Nur manchmal und allzu selten wird uns klar, wie kostbar und verletzlich sie sind.

*

Am 21. Dezember 1968 startete mit Apollo 8 der erste bemannte Flug zum Mond. Als sich das Raumschiff der Grenze zwischen Tag und Nacht auf dem Mond näherte, lasen die drei Astronauten Bill Anders, Jim Lovell und Frank Borman Passagen aus der Schöpfungsgeschichte. Bill Anders begann: »Wir nähern uns nun dem lunaren Sonnenaufgang. Und für alle Menschen unten auf der Erde hat die Besatzung der Apollo 8 eine Botschaft, die wir euch senden möchten: Am Anfang schuf Gott Himmel und Erde. Und die Erde war wüst und leer, und es war finster auf der Tiefe. Der Geist Gottes schwebte über dem Wasser, und Gott sprach: Es werde Licht. Und es ward Licht. Und Gott sah, dass das Licht gut war, und Gott teilte das Licht von der Dunkelheit.«

Frank Borman beendet die Lesung mit den Worten: »Wir schließen mit einem Gute Nacht, viel Glück, fröhliche Weihnachten und Gott segne euch alle – euch alle auf der guten Erde.«

Es war ein besonderer Moment. Ich war damals zehn Jahre alt, aber ich erinnere mich gut, wie bewegt alle waren, als die Bilder auf dem Fernseher und in zahlreichen Zeitungen und Magazinen zu sehen waren. Auf einmal konnten wir die Erde als Ganze von der Ferne aus betrachten. Ein nie vorher dagewesener Anblick.

Die jüngere Generation kann sich nicht mehr vorstellen, was uns das bedeutet hat. Aber wer Interesse hat: Die Lesung Bormans lässt sich im Internet nachhören. Sie bleibt für mich bewegend. Wissenschaft und Glaube gehen da Hand in Hand, Ton in Ton. Viele meinen, mit diesem Bild habe die Umweltbewegung begonnen, weil auf einmal die Schönheit, aber auch die Verletzlichkeit unseres Planeten begreifbar wurde.

*

Gläubige aller Religionen sind überzeugt, dass die Welt Gottes Schöpfung ist. Die biblischen Schöpfungserzählungen malen geradezu Bilder davon. Ich stelle mir vor, ein Großvater, eine Großmutter wollten erzählen, wie Gott die Welt geschaffen hat. Auf der ganzen Welt erkennen Menschen, wenn sie ein nacktes Paar, eine Schlange und einen Apfel sehen, worum es da geht. Es ist der Versuch einer Umschreibung, eine Erzählung. Vermittelt werden eindrückliche Bilder bis heute von den sieben Schöpfungstagen und vom Garten Eden.

In dieser Tradition steht der deutsche Astronaut Alexander Gerst mit seiner letzten Videobotschaft aus dem All am 20. Dezember

2018. Er bittet darin seine potenziellen Enkelkinder um Entschuldigung: »Im Moment sieht es so aus, als ob wir, meine Generation, euch den Planeten nicht gerade im besten Zustand hinterlassen werden.« Die Menschheit sei gerade dabei, das Klima zu kippen, Wälder zu roden, Meere zu verschmutzen und die begrenzten Ressourcen viel zu schnell zu verbrauchen. Die Erde sei ein »zerbrechliches Raumschiff«, und er hoffe, dass »wir noch die Kurve kriegen«. Dieses Video wurde tausendfach geteilt. Aber hat es Konsequenzen?

*

Als 1972 der *Club of Rome* seine Studie zu den Grenzen des Wachstums veröffentlichte, waren die Leitungsgremien des Ökumenischen Rates der Kirchen derart schockiert, dass sie zum Gebet aufriefen. Seit damals wissen wir, dass das ökologische System unsere Art, zu leben und zu konsumieren, nicht erträgt. Es geht nicht mehr darum, sich die Erde untertan zu machen, sondern sie zu bewahren.

1983 wurde auf der schon genannten Vollversammlung des Ökumenischen Rates der Kirchen klar: Gerechtigkeit, Frieden und Bewahrung der Schöpfung sind eng miteinander verbunden. Die Delegation der ostdeutschen evangelischen Kirchen forderte ein Konzil des Friedens angesichts der atomaren Bedrohung. Die südafrikanischen Kirchen erklärten daraufhin, die Friedensfrage dürfe von den Kirchen des reichen Nordens nicht benutzt werden, um der Frage der Gerechtigkeit aus dem Wege zu gehen. Schließlich waren es die Kirchen im Pazifik, die es benannten: Es besteht doch ein Zusammenhang zwischen Gerechtigkeit, Frieden und der Bewahrung der Schöpfung! Die Atomwaffentests in unserer Region zerstören unsere Lebensgrundlagen. Und: All das sind nicht einfach nur ethische Herausforderungen für die Kirchen der Welt. Es geht vielmehr um das Kirche-Sein der Kirchen, um ihre Glaubwürdigkeit in der Verkündigung, ob sie sich diesen Themen widmen. Deshalb geht es um einen Prozess, der konziliar ist, verbindlich. Denn wenn die Kirche nicht für die Bewahrung der Schöpfung eintritt, verleugnet sie den Schöpfer, von dem sie in der Verkündigung spricht.

Inzwischen ist die Bedrohung durch den Klimawandel längst spürbare Realität, auch in Europa, durch heiße Sommer und Bodentrockenheit: Wir bekommen inzwischen die Folgen unserer Lebensweise zu spüren. Es trifft aber zuallererst die armen Länder des globalen Südens, die aufgrund von Dürre Hunger leiden, deren Existenz aufgrund von Überschwemmungen bedroht ist.

Es ist gut, dass es eine Umweltbewegung gibt oder auch *Fridays for Future*. Diese Initiative von Schülerinnen und Schülern hat in den letzten Jahren sehr klar gemacht, dass es längst nicht mehr fünf vor zwölf ist, sondern mindestens fünf nach zwölf. Seit Jahren mahnen Klimakonferenzen und Klimaforscher. Aber es gibt auch einen Herrn Trump, der wieder Präsident der USA werden möchte und die Klimakatastrophe zu einer »Erfindung der Chinesen« degradiert hat. In Brasilien ließ Präsident Jair Bolsonaro in seiner Amtszeit Umweltagenturen schließen und ebnete industriellen Großprojekten im Amazonas-Regenwald den Weg. Die weitere Abholzung der Regenwälder ist offenbar nicht zu stoppen, auch wenn die aktuelle brasilianische Politik das versucht. Stetig geht Profit vor Schutz der Mitwelt. In der internationalen Politik ist die Klimakrise durch Corona und den Krieg Russlands gegen die Ukraine wieder völlig in den Hintergrund gerückt. Nachhaltig ist solche Politik nicht.

*

Gegen allen Defätismus steht für mich die Hoffnung in Gelb. Viele Menschen haben begriffen, dass wir gefordert sind, die Mitwelt zu erhalten für die nachfolgenden Generationen. Ich denke, tief in uns allen steckt eine Sehnsucht nach dem Paradies. Ganze Urlaubskataloge werben damit, zumindest auf Zeit mal ein Paradies zu erleben. Wir werden das auf Erden aber nie vollkommen erreichen. Das ist schon die biblische Botschaft, aber eben auch eine sehr menschliche. Der Schriftsteller Wladimir Kaminer hat einmal in einer Kinderbuchreihe die Vertreibung aus dem Paradies beschrieben. Da steht Adam am Tor, blickt zurück und denkt: Naja, nur dasitzen, sich die Früchte in den Mund fallen lassen und Gott loben, war ja auch ein bisschen langweilig. Das hat mir sehr eingeleuchtet. Der Mensch braucht Herausforderungen, wir wollen gestalten. Das Paradies ist schön, mal zwei Wochen im Urlaub. Aber auf Dauer gestellt wollen wir es eher nicht. Denn wir wollen gestalten, etwas unternehmen, Energie dareinsetzen, dass unsere Welt zukunftsfähig ist. Und das ist wunderbar. Der Mensch ist kreativ, setzt also die Schöpfungsleistung Gottes fort, ist Ko-Kreator.

Wir könnten anders leben, das haben wir in der Coronazeit doch gelernt. Ich werde die Krise der Pandemie nicht kleinreden. Aber wenn überhaupt etwas Gutes daran war, dann die Erfahrung: Es geht auch mit weniger von allem. Beispielsweise ohne weite Flugreisen. Wir können die Gegend, in der wir leben, erkunden. Mit meinem Partner habe ich beispielsweise die »Zwanzig schönsten Wanderungen rund um Hannover« entdeckt und damit so manches, was mir unbekannt war. »Weniger ist mehr« war viele Jahre ein Slogan oder auch die Rede von einer »Ethik des Genug«. Vielleicht hat die Krise uns das ja gelehrt. Bescheidenheit und Demut sind in der Tat Tugenden, die das Leben tiefer gehen lassen als das ständige »schneller, weiter, mehr und noch mehr«.

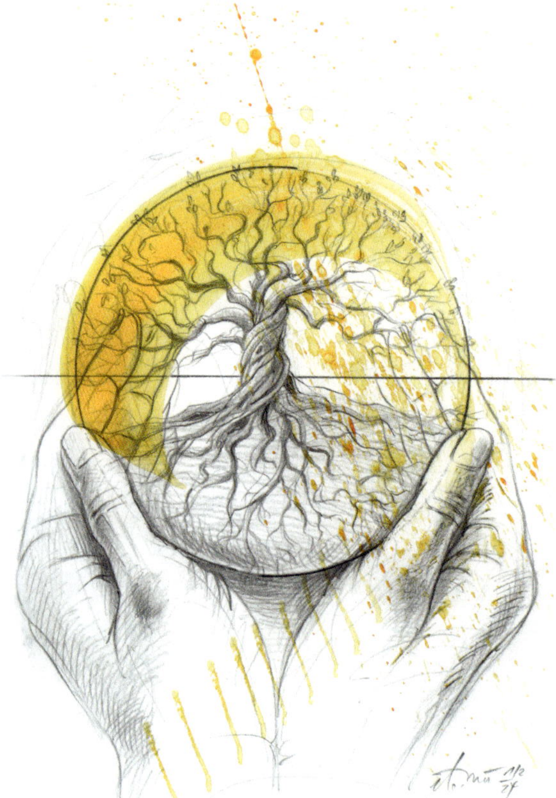

Dafür brauchen wir Fantasie! Wer sich mit der Hoffnung in Gelb umschaut, kann viele kreative Projekte entdecken! Wenn ich etwa auf dem Tempelhofer Feld in Berlin spazieren gehe – meine jüngste Tochter wohnt in unmittelbarer Nähe – bin ich oft fasziniert, was da entstanden ist. Gärten aller Art. Regionen für Skater, für Radfahrer, für Fußgänger. Tausende sind an schönen Tagen dort unterwegs, Menschen in der Großstadt mit einer Sehnsucht nach Frischluft und den Farben der Natur. Das muss doch auch in anderen Städten möglich sein.

Eines der deprimierendsten Bilder für mich war im ersten Lockdown 2020 der Anblick von Absperrbändern rund um die Kinderspielplätze in der Eilenriede, einem großen Waldgebiet mitten in Hannover. Kinder brauchen Bewegung. Kinder brauchen Natur. Sie müssen auf Baumstämmen balancieren können, Sandburgen bauen, über Pflanzen staunen dürfen. Moos suchen, Blumen pflücken, Kastanien sammeln, am Bach spielen, im Wasser pantschen, Steine werfen, Stöcke schnitzen – solche Erfahrungen lassen eine spätere Fähigkeit zur Resilienz wachsen. Zu einer guten Kindheit gehören Bewegung in freier Natur, Abenteuer im geschützten Raum. Das muss wieder möglich werden, auch in unseren Städten. Es können doch nicht alle Familien aufs Land ziehen, weil es keinen bezahlbaren Wohnraum mehr für sie in der Stadt gibt und das gesamte Umfeld nicht kindgerecht ist.

Wir brauchen Lernorte. Das können Schrebergärten sein – wie haben sie sich verändert! Nicht mehr alles steht dort in Reih und Glied, sondern Vielfalt ist möglich geworden. Das gilt inzwischen selbst für Friedhöfe. Auch hier ist nicht mehr alles normiert, sondern es gibt Urnenfelder, Aschestreufelder, Bäume, unter denen wie in Friedwäldern Asche verstreut wird. Der Friedhof kann in der Stadt neben dem Erinnerungsort auch Erholungsort sein.

Inzwischen sind auch Baumpatenschaften entstanden. An einigen Orten werden Obstbäume versteigert. Großartig! Was für ein Wahnsinn, wenn Obst im Supermarkt gekauft wird und gleichzeitig ungeerntet und ungeachtet von den Bäumen fällt. Gut, wenn Felder sich verändern, weg von den Monokulturen. Immer öfter sehe ich Felder, die umgrenzt sind, beispielsweise von Sonnenblumen. Spannend auch die neuen Umgrenzungen. Gute alte Hecken kommen wieder zum Vorschein. Und Holz wird aufeinandergelegt, damit dort Insekten nisten können. Ich denke auch an Insektenhotels. Diversität ist inzwischen als soziologische Kategorie anerkannt. Wir wollen bewusst in Vielfalt miteinander leben und sehen das als Bereicherung. Diese Vielfalt sollte auch in unserer Landschaft Einzug halten.

Kurzum: Wir brauchen eine breite Bewegung für unsere Mitwelt und dafür gibt es schon viele gute Ansatzpunkte. Es geht darum, dass Menschen sich als Teil der Schöpfung verstehen. Der Mensch ist nicht Oberhaupt von allem, nicht Krone der Schöpfung. Aber er kann kreativ sein, Neues denken: Biotope in Großstädten, Begrünung von Fassaden, Spielflächen mitten in der Stadt. Wir als Einzelne müssen umdenken, aber auch die Politik. Städte sollten nicht autogerecht, sondern menschengerecht sein. Nein, ein Paradies wird die Erde nicht. Aber Anklänge an den Garten Eden können wir gestalten. Und wir können hinschauen, neu lernen, zu staunen über das, was die Natur schafft. In den Gärten dieser Erde, in Landschaften, in Wäldern.

Damit komme ich zu einem Satz, der Jesus zugeschrieben wird:

Schaut die Lilien auf dem Feld an, wie sie wachsen: Sie arbeiten nicht, auch spinnen sie nicht. Ich sage euch, dass auch Salomo in aller seiner Herrlichkeit nicht gekleidet gewesen ist wie eine von ihnen. (Matthäus 6, 28 f.).

Das ist eine Passage, die uns nach dem Verstehen und Lernen, mit Blick auf das Engagement und die Notwendigkeiten noch etwas ganz anderes mitgibt: das Staunen. Ich liebe es bis heute, die ersten weiß blühenden Schwarzdornhecken oder die ersten Buschwindröschen zu entdecken. Es berührt mich, wenn meine Enkelkinder rufen: »Omi, schau mal, der Schmetterling!« oder wir zusammen Blumen sehen, ihre Schönheit würdigen. Und ja, die so gelben Rapsfelder im Frühling! Solange wir noch staunen können in unserer hochtechnisierten Welt, haben wir die Ehrfurcht vor dem Leben nicht verlernt. Und nur aus solcher Ehrfurcht kann auch der Einsatz für alles Leben, alle Kreatur, sei sie menschlich, tierisch oder pflanzlich wachsen. Und wer Ehrfurcht hat, wird sich dafür einsetzen, dass erhalten wird, was geschaffen ist.

ORANGE
Hoffnung auf Frieden

Ein Onkel und eine Tante von mir leben am Titisee. Als junge Studentin habe ich im Sommer dort gearbeitet und Kuckucksuhren verkauft. Ich mag die beiden sehr gern und besuche sie, wenn ich in Süddeutschland bin. Bei einem der Besuche sah ich im Herbst 2004 beim Joggen in einem der Geschäfte einen knallig orangen Mantel, der mir spontan gut gefiel. Als ich das beim Frühstück erzählte, meinte meine Tante, auf dem Weg zum Bahnhof könnten wir kurz anhalten, dann könnte ich ihn anprobieren und eventuell kaufen. Gesagt, getan.

Ich liebte diesen Mantel und habe ihn viele Jahre mit Freude getragen. In Hannover aber gab es immer mal wieder leises Murren: Ist ein knallig oranger Mantel angemessen für eine Bischöfin? Wann immer mir das zu Gehör kam, sagte ich: Den trage ich aus Solidarität mit der Befreiungsbewegung in der Ukraine. Es war ein Scherz auf der Grundlage von bitterem Ernst. Denn im Herbst 2004 protestierten Zehntausende Menschen in der Ukraine gegen Wahlfälschungen, die den von Russland protegierten Kandidaten Wiktor Janukowytsch zum Sieger der Parlamentswahl erklärten. Die Demonstrierenden erreichten, dass das Oberste Gericht eine Wiederholung der Stichwahl ansetzte, aus der der pro-europäische Kandidat Wiktor Juschtschenko als Sieger hervorging. Die Proteste werden als »Orange Revolution« bezeichnet. Sie war absolut friedlich und gewaltfrei wie die Revolution in der DDR.

Traurigerweise hat all das langfristig für die Ukraine nicht zum Frieden geführt. Schon 2014 besetzte Russland Teile des Landes, seit dem 24. Februar 2022 leidet die Ukraine unter dem schon erwähnten völkerrechtswidrigen Angriffskrieg Russlands. Trotz all dieser traurigen Entwicklungen ist Orange seitdem für mich eine Friedensfarbe. Das gilt auch, weil die als »Farbenrevolutionen« bezeichneten Protestbewegungen zu Beginn unseres Jahrhunderts – neben der orangen in der Ukraine die rote Rosenrevolution in Georgien 2003, die grüne Zedernrevolution im Libanon oder die gelbe Tulpenrevolution in Kirgisistan – geprägt waren von zivilem Ungehorsam und gewaltlosem Widerstand gegen gefälschte Wahlen oder korrupte Regime. Sie waren nicht immer erfolgreich, aber sie haben die Kraft gewaltfreier Bewegungen gezeigt. Der erste georgische Präsident Swiad Gamsachurdia hat das so ausgedrückt: »Wir werden Rosen statt Kugeln auf unsere Feinde werfen.« Gamsachurdia ist umstritten, weil er selbst wahrhaftig nicht nur Frieden säte. Aber diese Haltung ist beeindruckend und war für viele, die gewaltfrei für Freiheit demonstriert haben, wegweisend.

Seit der Angriffskrieg auf die Ukraine begonnen hat, erleben wir in Deutschland eine Militarisierung, die mich schockiert. Ich denke, wir müssen dieser schleichenden Veränderung unserer Gesellschaft widerstehen.

Ein Beispiel: Am Vorabend der Stuttgarter Friedensdemonstration am 10. September 2023 unter dem Motto »Stoppt das Töten in der Ukraine«, bei der ich reden sollte, habe ich abends im Hotel »Das aktuelle Sportstudio« geschaut. Prinz Harry und Verteidigungsminister Boris Pistorius waren zu Gast. Berichtet wurde über die *Invictus Games,* die gerade in Deutschland stattfanden. Kriegsversehrte werden dabei über den Sport wieder in die Gesellschaft integriert. An sich eine gute Sache, dachte die unbedarfte Zuschauerin. Vorgestellt wurden Angelo und Jens. Der eine hatte eine posttraumatische Belastungsstörung, der andere hatte beide Beine im Afghanistankrieg verloren.

In der gesamten Sendung aber wurde die Ursache für die Behinderungen nicht ein einziges Mal genannt. Der Kommentator sagte: »Um Ruhm und Ehre geht es nicht, davon ist unter den Teilnehmenden schon genug vorhanden!«. Der Verteidigungsminister lobte die Versehrten, die »für unser Land gekämpft haben«. Sie seien »role models«. Im Publikum saßen erkennbar Soldatinnen und Soldaten, die eifrig klatschen. Und dann wurde berichtet, dass die *Invictus Games* von der Rüstungsindustrie gesponsert wurden.

Ich konnte nicht fassen, dass der Krieg nicht einmal infrage gestellt wurde. Von der immensen Suizidrate unter Kriegsteilnehmenden war auch nicht die Rede. In den USA nehmen sich täglich 20 Kriegsveteranen das Leben! Keiner fragt: Wofür haben die Menschen ihr Leben riskiert? Was ist mit denen, die gestorben sind? In einem Kommentar von Jana Stegemann in der Süddeutschen Zeitung vom 11. September 2023 hieß es: »Nach 45 Minuten stellt die Moderatorin die erste kritische Frage an Boris Pistorius, den zurzeit in Deutschland beliebtesten Politiker. Ob er verstehen könne, dass Kritiker in den vom Rüstungskonzern Boeing gesponserten *Invictus Games* eine Heroisierung von Krieg und Militär sähen? Der Verteidigungsminister verneint. Es gehe darum, Solidarität und Respekt für die Einsatzkräfte zu zeigen. Krieg sei kein Computerspiel, sondern Schrecken und Tod.« Dass das Sportstudio vollkommen unkritisch berichtet, hat mich massiv irritiert. Es ist ein Zeichen für die Veränderung in unserer Gesellschaft.

Es scheint Konsens, dass die 2022 proklamierte Zeitenwende dafür sorgt, dass – für manche endlich – das Militärische wieder im Alltag präsent ist. Für mich ist befremdlich, wie in unserer Sprache auf einmal »Helden«, »Blutzoll« und »Tapferkeit« als gängige Begriffe auftauchen. Die Außenministerin erklärt, wir dürfen nicht »kriegsmüde« werden. Der Verteidigungsminister meint gar, wir müssten »kriegstüchtig« sein. George Orwell schrieb schon 1946: »Wenn das Denken die Sprache korrumpiert, korrumpiert die Sprache auch das Denken.«

Deutschland hat im letzten Jahrhundert zwei Weltkriege begonnen, mit Millionen von Toten als Folge. Grauenvoll wurde die perfide geplante Ermordung von Jüdinnen und Juden vollzogen. Am Ende war nicht nur Europa verwüstet, sondern auch das Land der Täter lag in Trümmern. Im Anschluss daran stand Deutschland dem Militärischen kritisch gegenüber, war sogar zehn Jahre lang ohne Armee. Das hat in aller Welt Vertrauen erzeugt.

Jetzt aber wird konsequent gegengesteuert. Die Zahl rekrutierter Minderjähriger nimmt weltweit stetig zu. Das Kinderhilfswerk *terre des hommes,* dessen Botschafterin ich einige Jahre war, nennt das ein »Armutszeugnis« für die Bundesregierung. Bundesminister Pistorius wirbt inzwischen für »Schnupperpraktika« und fordert ungehinderten Zugang für Jungoffiziere an Schulen, um den Dienst in der Bundeswehr Jugendlichen schmackhaft zu machen. Schon 2022 haben bundesweit 90 Jugendoffiziere 5931 Veranstaltungen organisiert und mehr als 100 000 Schülerinnen und Schüler erreicht. Bundesbildungsministerin Starck-Watzinger hat erklärt, an den Schulen solle für »ein unverkrampftes Verhältnis zur Bundeswehr« geworben werden. Zudem wirbt sie für Zivilschutzübungen an Schulen zur Vorbereitung auf Krisen wie Pandemien, Naturkatastrophen oder Krieg. Der bayerische Ministerpräsident Markus Söder will mit einem Gesetz die Schulen verpflichten, die Armee einzuladen.

Dazu passt die Entscheidung des Bundestages, für die bessere Sichtbarkeit der Armee in der Öffentlichkeit für den 15. Juni jedes

Jahres einen nationalen Veteranentag »für Respekt, Anerkennung und Würdigung unserer Soldatinnen und Soldaten« ins Leben zu rufen. Und schließlich gehört zur Militarisierung eine beispiellose Aufrüstung, an der vor allem die Rüstungsindustrie verdient, deren Aktien Rekordhöhen erreichen. Die weltweiten Rüstungsausgaben liegen mit 2,2 Billionen US-Dollar auf einem absoluten Rekordhoch. Und: Mit *Steadfast Defender* fand 2024 das größte Nato-Manöver seit dem Ende des Kalten Krieges statt. 90 000 Soldatinnen und Soldaten aus 32 Ländern haben teilgenommen. Das erklärte Ziel ist nach wie vor Abschreckung.

Ich halte die schleichende Militarisierung für einen falschen Kurs. Das Militär ist nicht die »Schule der Nation«.

In seiner Antrittsrede als Bundespräsident sagte Gustav Heinemann am 1. Juli 1969: »Nicht der Krieg ist der Ernstfall, in dem der Mann sich zu bewähren habe, wie meine Generation in der kaiserlichen Zeit auf den Schulbänken unterwiesen wurde, sondern heute ist der Frieden der Ernstfall.«[9] An Schulen könnte gewaltfreie Konfliktbewältigung ebenso eingeübt werden, wie ziviler Widerstand. Eine friedenstüchtige Gesellschaft würde die Leistung von Lehrerinnen und Lehrern, Pflegekräften, Polizeibediensteten, Ehrenamtlichen würdigen. Sie würde nicht an Schulen und Krankenhäusern einüben, was im Kriegsfall zu tun wäre, sondern friedliche Konfliktlösung lehren. Um zukunftsfähig zu werden, brauchen wir keine weitere Aufrüstung, sondern endlich, endlich Abrüstung, damit die Ressourcen in Bildung und Entwicklung und nicht in Zerstörung investiert werden. Atomwaffen dürfen nicht neu legitimiert werden. Sie gehören verbannt! Wir brauchen keine Abschreckung. Dringend notwendig sind stattdessen strategische Konzepte für ein friedliches Zusammenleben auf unserem Planeten. Denn bei alledem geht es auch um die Verschwendung von Ressourcen für destruktive Ziele!

Ja, Wladimir Putin ist ein Kriegsverbrecher. Aber es ist fatal, mit Blick auf den russischen Angriffskrieg auf die Ukraine immer nur das Mantra von Waffenlieferungen im Wert von vielen Milliarden Euro zu wiederholen. Die Folge bringt noch mehr Tote. Waffen sind das Problem, nicht die Lösung. Wir brauchen Friedensstrategien, diplomatische Initiativen, Hoffnungszeichen, Milliardeninvestitionen in Frieden und zivile Konfliktlösung. Nur so wird dem Gemetzel ein Ende gesetzt. Es braucht Friedenslogik statt Kriegslogik. Nur wenn wir friedenstüchtig werden, hat diese Welt Hoffnung auf Zukunft.

Verhandlungsbereitschaft kann auch herbeiverhandelt werden, so der Journalist Heribert Prantl. Waffenstillstand heißt nicht Kapitulation, sondern schafft die Möglichkeit zu sondieren, wie verhandelt werden kann. Wo sind denn neben all den Militärstrategen die kundigen Diplomatiestrategen? Wo bleibt die große internationale Friedensinitiative?

Das gilt auch für den Nahen Osten. Der entsetzliche Terrorangriff der Hamas auf Israel am 7. Oktober hat unendliches Leid über viele Menschen gebracht. Und die Gegenreaktion Israels bringt unermessliches Leid über die Menschen in Gaza. Huthirebellen beschießen in der Folge Frachtschiffe – die europäische und amerikanische Marine greifen ein. Der ganze Nahe Osten könnte zum Kriegsgebiet werden. So wird die Eskalationsspirale stetig weitergetrieben. Stattdessen ist Deeskalation notwendig!

Ich bin Großmutter von sieben Enkelkindern. Wenn ich an all die Kinder denke, die von kriegerischen Auseinandersetzungen betroffen sind – in der Ukraine, in Russland, in Syrien, im Jemen, im Sudan – dann sind 100 Milliarden Euro für Rüstung zusätzlich zu einem Etat der deutschen Bundeswehr in Höhe von mehr als 50 Milliarden Euro – doch keine Investition in ihre Zukunft. Was unsere Nachkommen brauchen, ist eine Investition zur Verhinderung der Klimakatastrophe.

Ihre Zukunft wird lebenswert durch Milliarden Euro, die in Bildung und Entwicklung investiert werden. Denn unsere Erde ist bedroht durch die rücksichtslose Ausbeutung aller Ressourcen. Und Krieg ist eine der schlimmsten Zerstörungskräfte. Es wäre definitiv zukunftsorientierter, friedensfähig werden zu wollen, damit kommende Generationen auf diesem Planeten leben können.

Wer Waffenlieferungen ablehnt, wird als naiv, dumm und ahnungslos hingestellt. Das erlebe ich als Mitglied der Deutschen Friedensgesellschaft immer wieder und sehe es als unwürdig, denn Diffamierung macht einen demokratischen Diskurs unmöglich. In Verantwortung auch mit Blick auf unsere Geschichte und mit Blick auf die Zukunft unseres Landes halte ich es als Deutsche für richtig, keine Waffen in Krisen- und Kriegsgebiete zu liefern. Bis Februar 2022 war das politischer Konsens.

Ich argumentiere auch als evangelische Christin. Ich sehe es als eklatanten Widerspruch zur Botschaft Jesu, dass jahrhundertelang von Kirchenvertretern Waffen gesegnet wurden. Auch heute sehen wir wieder solche Bilder. Der russische Patriarch Kyrill rechtfertigt den russischen Angriff auf die Ukraine, denn Russland sei angegriffen durch westliche Werte wie Freiheit, Gleichberechtigung, Anerkennung homosexueller Lebenspartnerschaften.

*

Eine religiöse Rechtfertigung von Krieg ist für mich Gotteslästerung. Die Kirchen der Welt sind immer in die Irre gegangen, wenn sie Gewalt legitimiert haben. Denn im Evangelium findet sich dafür keinerlei Grundlage. Jesus hat gesagt: »Steck das Schwert an seinen Ort.« Und noch mehr: »Liebet eure Feinde.« Der Friedensnobelpreisträger Martin Luther King hat erklärt, das sei das Schwerste, was Jesus uns hinterlassen hat. Das stimmt. Aber es ist zuallererst eine bleibende Mahnung, sich nicht in Feindbilder hineintreiben zu lassen.

Zudem: Seit vielen Jahren engagiert sich die Friedensbewegung gegen Rüstungsexporte. Vor allem wird kritisiert, dass schon vor 2022 immer wieder Waffen in Krisen- und Kriegsgebiete geliefert wurden, beispielsweise an Saudi-Arabien, das im Jemen Krieg führt. Mit dem Beginn des russischen Angriffskrieges auf die Ukraine gibt es keinerlei Zurückhaltung mehr. Eigentlich hatte die Ampelregierung geplant, die Exporte zurückzufahren und ein Kontrollgesetz auf den Weg zu bringen. Stattdessen waren die Jahre 2021 und 2022 mit Rüstungsexporten in Höhe von je fast zehn Milliarden Euro die Spitzenreiter in der Geschichte der Bundesrepublik. Die weltweite Aufrüstung nimmt rasant an Fahrt auf. Daran verdient vor allem die Rüstungsindustrie. Seit dem Beginn des Krieges in der Ukraine stieg die Aktie von Rheinmetall von 95 Euro im Februar 2022 auf 550 Euro im April 2024. Das sind Gewinne von mehr als 500 Prozent! Die Prognosen sind bestens, zeigen Analysten ,und stufen die Aktie als »attraktiv« ein. Und zum Spatenstich für eine neue Munitionsfabrik von Rheinmetall im Februar 2024 in Unterlüß reiste eigens Bundeskanzler Scholz an …

Dazu passt leider auch die Meldung, dass der ehemalige Außenminister Joschka Fischer Atomwaffen für die EU fordert: »Wir müssen unsere Abschreckungsfähigkeit wiederherstellen«, sagte der frühere Grünen-Politiker bei ZEIT *Online* (3. Dezember 2023).

*

2001 war ich vom dortigen Oberbürgermeister eingeladen, in Hiroshima zum Gedenktag des Atombombenabwurfs am 6. August 1945 eine Ansprache zu halten. Wer die Geschichten der Menschen hört, die vor fast 80 Jahren miterlebt haben, wie andere geradezu verglühten, wer die Angst vor Missbildungen begreift, weil die genetischen Veränderungen bis heute nachweisbar sind, kann nicht verstehen, dass irgendein Mensch auf die Idee kommen kann, noch einmal Atomwaffen einzusetzen! Und doch haben sowohl Dmitri Medwedew als auch Wladimir Putin einen möglichen Atomwaffeneinsatz Russlands gegen die Ukraine ins Gespräch gebracht. Auch Donald Trump fragte in seiner Zeit als US-Präsident: »Wenn wir Atomwaffen haben, warum setzen wir sie nicht ein?« Und Nato-Generalsekretär Jens Stoltenberg erklärte: »Diese nukleare Teilhabe ist wichtig für die Nato. Und ich dränge so viele Bündnis-Partner wie möglich, Teil dieser nuklearen Teilhabe zu sein – das schließt Deutschland ein.«

Angesichts solcher Aussagen von Menschen, die Verantwortung tragen, ist aus meiner Sicht ganz klar Widerspruch angesagt! Es ist gut, dass die Friedensbewegung die Bundesregierung weiterhin drängt, den UN-Atomwaffenverbotsvertrag zu unterzeichnen. Er wurde im Jahr 2017 in den Vereinten Nationen von 122 der 193 Staaten angenommen und trat am 22. Januar 2021 in Kraft. 93 Staaten haben ihn unterzeichnet, 69 ihn ratifiziert. Deutschland gehört nicht dazu.

Zurzeit, so das Friedensforschungsinstitut Sipri, gibt es etwa 13 865 Atomwaffen auf der Welt. Zwanzig davon lagern höchstwahrscheinlich in Deutschland, in Büchel. Es ist nicht besonders transparent, wir wissen noch nicht einmal das genau, die Existenz dieses Depots wird offiziell nicht bestätigt. Dabei hat jede Atombombe des hier vermutlich lagernden Typs (B-61) die drei- bis vierfache Sprengkraft der Hiroshima-Bombe. Und die Friedensforschung zeigt, dass die Atommächte aktuell in die Modernisierung ihrer Waffen investieren…

Taube 5.
2/24

Schließlich: Kriegsdienstverweigerung ist ein Menschenrecht. Ich war viele Jahre Präsidentin der KDV, der Beratungsorganisationen für Kriegsdienstverweigerer. Sie wurden auch in Deutschland lange als Weicheier und Luschen abgewertet. Dass ein CSU-Minister die Wehrpflicht ausgesetzt hat und ein SPD-Minister sie wieder einführen will, darüber ließe sich fast schon schmunzeln. Aber dass es das Recht auf Verweigerung des Wehrdienstes gibt, wurde seit 1945 nicht hinterfragt. Allerdings habe ich mich immer wieder gefragt, warum diejenigen, die den Kriegsdienst verweigern, ihr Gewissen vom Staat prüfen lassen müssen, nicht aber diejenigen, die ihn leisten wollen. Martin Luther wurde von dem Ritter Assa von Kram einst gefragt, ob ein Soldat »christlichen Standes« sein könne. Er hat das bejaht. Aber er hat in seiner Antwort deutlich gemacht, auch der Soldat müsse sein Gewissen prüfen.

Geschätzt 300 000 junge Männer haben Russland inzwischen verlassen. Sie werden zum Teil als Feiglinge diffamiert. Nein, sie verweigern sich diesem unsinnigen Krieg auf ihre Weise. Und sie sollten als politisch Verfolgte bei uns Asyl erhalten. Männer in der Ukraine zwischen 18 und 60 Jahren dürfen das Land nicht verlassen. Allein 163 000 von ihnen haben aber allein im ersten Kriegsjahr Zuflucht in Deutschland gesucht, geschätzt fast eine Million in Westeuropa. Viele müssen nun befürchten, in den Kriegsdienst ausgeliefert zu werden. Ob das mit europäischen Werten übereinstimmt, frage ich mich. Kriegsdienstverweigerung ist ein Menschenrecht.

Die DFG-VK (Deutsch Friedensgesellschaft – Vereinigte Kriegsdienstgegner) unterstützt sowohl die »Bewegung für Kriegsdienstverweigerung« in Russland als auch die »Ukrainische Pazifistische Bewegung«, beides Organisationen, die staatlicherseits massiv unterdrückt werden.

Die Friedensbewegung wird weiter diskreditiert. Nach der Demonstration in Berlin am 25. November 2023 schrieb selbst die *Süddeutsche Zeitung* das Wort »Friedensdemonstration« in Anführungszeichen. In einem Interview sagte der Militärökonom Marcus Keupp: »Ich möchte nicht von Verhandlungen sprechen, weil das Wort durch die Pro-Kreml-Clique ideologisch vorbelastet ist.«[10] Das bedeutet, allein der Begriff »Verhandlungen« ist bereits kontaminiert. Von »selbst ernannten Friedensfreunden« ist die Rede. Und natürlich von »Putinverstehern«.

Volker Beck twitterte, ich persönlich sei ethisch mit meinem »Teestubenpazifismus« immer auf der falschen Seite – was impliziert, dass er auf der richtigen ist. Sasha Lobo nennt friedensbewegte Menschen »Lumpenpazifisten«, Roderich Kiesewetter bezeichnet sie als »wohlstandsverwöhnt«. Und der Bundeskanzler spricht vom »gefallenen Engel aus der Hölle«.

Dagegen steht für mich geradezu trotzig ein Liedvers von Jörg Zink:

Die Nacht ist bang. Gib uns, dass Frieden werde. Sieh diese arme, leidzerriss'ne Erde! Du, Gott des Friedens, ende allen Streit. Mach uns zu Friedensboten dieser Zeit.[11]

Auch im Bild, das Eberhard Münch gemalt hat, ist ein Engel zu sehen (siehe S. 70). Seine Flügel ragen weit in den Raum – er scheint das Dunkel, Angst und Schmerz geradezu beiseiteschieben zu wollen. Ein wunderbares Bild. Es symbolisiert: Wir sind mit unseren Sorgen nicht allein, sondern können mit anderen viel bewegen. Auch weil wir uns getragen wissen dürfen. Ja, diese Versicherung tut gut in unserer Zeit!

*

Ende 2023 wurden die jüngsten Haushaltskürzungen bekannt gegeben. An Freiwilligendiensten und Entwicklungshilfe wird gekürzt. Die acht Milliarden Euro für die Aufrüstung der Ukraine werden nicht infrage gestellt. Ich kann nicht verstehen, warum die Friedensbewegung zurzeit so wenig Zulauf und Gehör findet. Ist es die Angst, von der AfD vereinnahmt zu werden? Geht das Thema nicht nahe genug? Friedrich Siegmund Schultze hat 1946 formuliert: »… die Menschheit lässt sich wie stets in die Verantwortungslosigkeit hineinschläfern …« Ein guter Ansatzpunkt für Friedensethik: Sich nicht in Verantwortungslosigkeit »hineinschläfern« lassen! Es ist Zeit für eine Zeitenwende in Richtung Frieden. Dass das möglich wäre, dazu sagt der biblische Prophet Micha Folgendes:

In den letzten Tagen aber wird der Berg, darauf des HERRN *Haus ist, fest stehen, höher als alle Berge und über alle Hügel erhaben. Und die Völker werden herzulaufen, und viele Heiden werden hingehen und sagen: Kommt, lasst uns hinauf zum Berge des* HERRN *gehen und zum Hause des Gottes Jakobs, dass er uns lehre seine Wege und wir in seinen Pfaden wandeln! Denn von Zion wird Weisung ausgehen und des* HERRN *Wort von Jerusalem. Er wird unter vielen Völkern richten und mächtige Nationen zurechtweisen in fernen Landen. Sie werden ihre Schwerter zu Pflugscharen machen und ihre Spieße zu Sicheln. Es wird kein Volk wider das andere das Schwert erheben, und sie werden hinfort nicht mehr lernen, Krieg zu führen. Ein jeder wird unter seinem Weinstock und Feigenbaum wohnen, und niemand wird sie schrecken. Denn der Mund des* HERRN *Zebaoth hat's geredet. Ein jedes Volk wandelt im Namen seines Gottes, aber wir wandeln im Namen des* HERRN, *unseres Gottes, immer und ewiglich!* (Micha 4, 1–5)

Für mich ist das ein ermutigender Text und auch ganz aktuell! »Sie werden nicht mehr lernen, Krieg zu führen.« Was für eine Vision!

Die friedlichen Revolutionen haben einen Abglanz davon gezeigt: So könnte es sein, friedlich und gewaltfrei in Orange. Davon müssen wir doch reden als Menschen des Glaubens, dass es Hoffnung geben kann, ohne Kriege leben zu können. Dann muss auch nicht länger Abschreckung das Ziel sein!

*

Mit Blick auf den Krieg in Gaza sagte der britische Thronfolger Prinz William, aufgrund des Ausmaßes an menschlichem Leid werde deutlich, wie wichtig dauerhafter Frieden sei. »Selbst in der dunkelsten Stunde dürfen wir dem Rat der Verzweiflung nicht nachgeben, so William. Und: »Ich halte weiterhin an der Hoffnung fest, dass eine bessere Zukunft gefunden werden kann, und weigere mich, diese Hoffnung aufzugeben.«[12] Eine gute, wegweisende Haltung. Wenn wir all das Elend sehen, all das Leid, das Waffengewalt und Kriege verursachen, muss doch die Hoffnung sein, dass die Welt endlich einen Zivilisationsschritt weg vom Krieg hin zu gewaltfreier Konfliktlösung geht!

Zuletzt: Natürlich geht es bei der Hoffnung auf Frieden auch um den persönlichen Bereich, um Partnerschaft, Familie, Freundschaft, Nachbarschaft. Wenn da Unfrieden herrscht, ist das ungeheuer belastend. »*Ertragt einer den andern in Liebe*«, heißt es im biblischen Kolosserbrief (3,12) Sicher, das ist nicht immer leicht. Aber *tolerare* heißt ertragen. Wir brauchen Toleranz im Zusammenleben, das tut allen gut.

Deshalb am Ende dieses Kapitels ein eher heiterer Filmtipp: »Sommer in Orange«. Der deutsche Spielfilm von 2011 erzählt von einer Berliner Gruppe von Bhagwan-Jüngerinnen und -Jüngern, von denen einer in Bayern ein Anwesen erbt. Die einheimische Dorfbevölkerung zeigt sich äußerst skeptisch gegenüber den ganz in Orange gekleideten neuen Mitbürgerinnen und Mitbürgern. Im Zentrum steht Amrita, die mit ihrer Tochter Lili und ihrem Sohn Fabian freie Liebe leben will. Lili aber sucht Sicherheit und versucht, sich in die Dorfgemeinschaft zu integrieren. Der Film gilt als »Kulturclash-Komödie«, aber ich finde, er ist eine unterhaltsame Anregung, um auszuloten, wie sehr unterschiedliche Menschen mit verschiedenen Bedürfnissen in Frieden zusammenleben können.

BRAUN
Hoffnung auf Heimat

Als ich die ersten Überlegungen zu diesem Buch mit einem Freund teilte, meinte der: »Bitte such für Heimat eine andere Farbe als Braun aus! Sonst denkt man doch sofort an Nazis!« Und er hat ja recht: Die Farbe Braun ist politisch eindeutig negativ besetzt. Aber ist sie dadurch für alle Zeit im Zusammenhang mit Heimat diskreditiert? Ich möchte mir diese Farbe nicht entfremden lassen, schlicht weil ich sie mag.

Warum eigentlich steht Braun für Nazis? Ich musste erst mal nachlesen und bin auf eine Recherche des Redakteurs Harald Stutte gestoßen. Gerhard Roßbach, ehemaliger Leutnant im Ersten Weltkrieg, gründete 1919 ein etwa tausendd Mann starkes Freikorps, die »Sturmabteilung Roßbach«, die später in der SA aufging. »Als Teilnehmer am Putsch Adolf Hitlers gegen die bayerische Staatsregierung am 9. November 1923 floh Roßbach, seine Verhaftung fürchtend, nach Österreich. Roßbach soll für wenig Geld einen größeren Posten brauner Hemden erworben haben, die ursprünglich für die Schutztruppe in der Kolonie Deutsch-Ostafrika bestimmt waren.« Damit kleidete er offensichtlich seine Leute ein. Stutte weiter: »Spätestens mit der Neuausrichtung der Partei nach Hitlers Haftentlassung 1924 und der Aufhebung des NSDAP-Verbots Anfang 1925 hatte sich das Braunhemd in der NS-Bewegung etabliert«, so der Historiker Daniel Siemens. … Spätestens ab 1931 wurden Braunhemden in einem Textilkonzern produziert, der heute als Marke für gehobene Ansprüche steht: Hugo Boss. Der gleichnamige Firmeninhaber aus dem schwäbischen Metzingen musste 1931 nach einer langen Phase der Kurzarbeit und Entlassungswellen Insolvenz anmelden. Im selben Jahr trat er der NSDAP bei, ›was ein beachtliches Auftragsvolumen durch die Nazis zur Folge hatte. Die Firma überlebt im Grunde nur dank des Nazi-Deals‹, so Siemens.«[13]

Ich fand den Beitrag spannend. Braun war natürlich auch eine Farbe, die im Parteienspektrum noch nicht besetzt war. Heute wird Braun politisch gemieden, selbst die AfD wählt blau, um sich zu kennzeichnen. Braun will niemand mehr sein nach dem Terror der Nazis, selbst wenn er nationalistische Ideologie verbreitet.

Aber: Braun ist trotzdem eine wunderbare Farbe! Ich liebe vor allem sattes, dunkles Braun. So wie das herrlich schimmernde Braun von Kastanien. Sobald Ende August die ersten von den Bäumen fallen, habe ich in jeder Tasche eine als Handschmeichler und nutze sie auch als Tischdekoration.

Oder: Haben Sie schon einmal ein frisch gepflügtes Feld bewusst wahrgenommen? Diese dunkelbraune Erde strahlt so viel Kraft und Fruchtbarkeit aus! Die Erde ist – in der Regel – braun und weist auf Verbundenheit mit einem Ort. Im Bild des Künstlers Eberhard Münch, das diesem Kapitel vorangestellt ist, öffnet sich der Horizont, der Weg führt in die Weite. Die Schönheit dieser Farbe dürfen wir uns doch von rassistischen, menschenverachtenden und antisemitischen Nationalsozialisten nicht nehmen lassen! Ich bin absolut dafür, zur Schuldgeschichte unseres Landes zu stehen. Und gerade das steht Deutschland ja gut zu Gesicht.

In diesem Zusammenhang noch eine Empfehlung für einen Filmabend: »Die Frau des Zoodirektors« von 2017. Der Film wird zum Teil kritisch bewertet, aber ich finde, der ganze Terror deutscher Nationalsozialisten, die menschenverachtende Brutalität werden gut deutlich. Gleichzeitig wird gezeigt, dass eben nicht alle mitmachen mussten, sondern dass es wackere Menschen gab wie das Ehepaar Zabinski und Janus Korczak, die in all der Unmenschlichkeit menschlich gehandelt haben. Der Zoodirektor und seine Frau – es geht um reale Vorbilder – retten unter Lebensgefahr Menschen aus dem Warschauer Ghetto. Der polnische Kinderarzt, Pädagoge und Kinderbuchautor Janus Korczak nimmt ein Rettungsangebot nicht an, weil er die Kinder, die ihm anvertraut sind, nicht allein und verlassen in das Vernichtungslager gehen lassen will. In dem Film wird die Realität »braunen« Terrors sichtbar, aber ebenso die Leuchtkraft von Menschen, die sich ihm um der Menschlichkeit willen entgegenstemmen.

Den Begriff »Heimat« will ich mir ebenso wenig nehmen lassen wie die Schönheit der Farbe Braun. Für meine Generation ist das Thema Heimat sehr präsent. Zuerst haben die Deutschen Millionen Menschen im eigenen Land und ganz Europa ihrer Heimat beraubt, indem sie sie ausgebürgert, zur Flucht veranlasst, vertrieben und ermordet haben. Jüdische Menschen, die Deutsche waren, wurden ausgebürgert, wenn sie nicht deportiert wurden. Absurderweise haben die Nazis unserem Land genau damit massiv geschadet. Albert Einstein, der spätere Nobelpreisträger für Physik, wurde am 29. März 1934 offiziell ausgebürgert, weil er Jude war. Zum 90. Jahrestag der Ausbürgerung erklärte der Wissenschaftler Alexander Blum vom Max-Planck-Institut für Wissenschaftsgeschichte (Berlin), dass Deutschland sich zwar mit dem Wirtschaftswunder ökonomisch wieder regenerierte, von der Zerstörung des Wissenschaftsstandortes durch die Nationalsozialisten habe es sich aber nie wieder erholt. Faktenbasierte Forschung wurde von ihnen abgelehnt, die Relativitätstheorie ebenso. Bedeutende Wissenschaftler der Physik und der Mathematik emigrierten nach England oder in die USA. Dieser

»Massenexodus«, so Blum, machte Deutschland innerhalb »von Monaten von einem wissenschaftlichen Zentrum zu einem zweitrangigen Land«. Englisch ersetzte Deutsch als führende Wissenschaftssprache.

*

Mehr als 15 Millionen Deutsche mussten nach dem Zweiten Weltkrieg aus ihrer Heimat fliehen bzw. wurden vertrieben, neuere Schätzungen gehen sogar von bis zu 17 Millionen aus. Etwa zwei Millionen verloren auf der Flucht ihr Leben.

Hatte Adolf Hitler mit seinem Terrorregime Millionen Menschen ermordet, um dem »Volk ohne Raum«, von dem er immer wieder sprach, Siedlungsgebiete zu verschaffen, verloren die Deutschen in der Folge seines Größenwahns große Teile des Staatsgebietes. Infolge von Flucht und Vertreibung lebten in den beiden deutschen Staaten, die nach dem Krieg aufgebaut wurden, fast doppelt so viele Menschen pro Quadratmeter wie vor dem Zweiten Weltkrieg. Die drei westlichen Besatzungszonen nahmen etwa acht Millionen Menschen auf, die sowjetische Besatzungszone vier Millionen. Das entsprach im Westen 16 Prozent der Bevölkerung, im Osten waren es sogar 25 Prozent.

Mir ist vollkommen klar, dass der Verlust der Heimat eine Folge der entsetzlichen Vernichtungspolitik der Nationalsozialisten ist. Die Schuld lastet auf dem Land der Täter.

Nach meinen Erinnerungen hat meine ganze Familie das auch so gesehen und sich deshalb nicht in den Vertriebenenverbänden engagiert. Die formierten sich Ende der 1940er-Jahre und erklärten am 5. August 1950 in ihrer Charta der deutschen Heimatvertriebenen: »Wir haben unsere Heimat verloren. Heimatlose sind Fremdlinge auf dieser Erde. Gott hat die Menschen in ihre Heimat hineingestellt. Den Menschen mit Zwang von seiner Heimat zu trennen, bedeutet, ihn im Geiste zu töten. Wir haben dieses Schicksal erlitten und erlebt. Daher fühlen wir uns berufen zu verlangen, dass das Recht auf die Heimat als eines der von Gott geschenkten Grundrechte der Menschheit anerkannt und verwirklicht wird.«[14]

Die »Charta der deutschen Heimatvertriebenen« mutet uns heute merkwürdig an. Von deutscher Schuld an Flucht und Vertreibung ist gar keine Rede. Die Geflüchteten sehen sich allein als Opfer, auch wenn es in der Charta an anderer Stelle heißt: »Wir Heimatvertriebenen verzichten auf Rache und Vergeltung.« Weiter wird gefordert »Gerechte und sinnvolle Verteilung der Lasten des letzten Krieges auf das ganze deutsche Volk …« Das wurde zur Grundlage für das Lastenausgleichsgesetz, das 1952 in Kraft trat und den Deutschen, die infolge des Zweiten Weltkrieges insbesondere durch Vertreibung besondere Verluste erlitten hatten, um der sozialen Gerechtigkeit willen finanzielle Entschädigung zusprach. Das Gesetz sollte in unserem Gedächtnis bleiben, es ist ein eindrückliches Beispiel dafür, wie versucht werden kann, einen Ausgleich unter Menschen zu schaffen.

Jene Charta wurde oft als Grundlage für Versöhnung und Frieden gepriesen. Andere, wie etwa der Schriftsteller Ralph Giordano, bemängelten, dass hier die Vorgeschichte der Vertreibung, die beispiellose Vernichtung der Juden, die Zerstörung Europas völlig ignoriert werde. Ich finde diese Diskussion spannend. Bis hin zur Errichtung des Dokumentationszentrums »Flucht, Vertreibung und Versöhnung« in Berlin wirkten die Auseinandersetzungen fort. Dort sind die Fluchterfahrungen der Deutschen heute eingebettet in die Fluchterfahrungen von Menschen aus aller Welt. Die *Stiftung Flucht, Vertreibung und Versöhnung,* gegründet vom Deutschen Bundestag, ist dabei zu unterscheiden vom *Zentrum gegen Vertreibungen.* Allein in diesen Unterscheidungen ist zu sehen, wie präsent die Spannungen auch fast achtzig Jahre nach dem Ende des Zweiten Weltkrieges noch sind.

Wenn ich auf die Charta von 1950 schaue, wird mir noch klarer, wie brisant der Deutsche Evangelische Kirchentag war, der 1954 in Leipzig stattfand. Es sollte der letzte gesamtdeutsche Kirchentag im Osten Deutschlands sein, bis ein solches Treffen 1997 wieder möglich war, dann ebenfalls in Leipzig. Auf den Kirchentagen wurde die Sehnsucht nach Einheit zwischen Deutschland Ost und West erkennbar. So war ein gesamtdeutscher Kirchentag 1954 während des Kalten Krieges an sich schon ein Politikum. Erst drei Monate vor der Veranstaltung wurde die Durchführung von der DDR-Führung überhaupt genehmigt. Es ist dokumentiert, dass im Ost-West-Konflikt von den verschiedensten Seiten versucht wurde, den Kirchentag zu instrumentalisieren. Eine Gratwanderung für die Verantwortlichen! »Seid fröhlich in Hoffnung« – dieses biblische Wort aus dem Brief des Apostels Paulus an die Römer (12, 12) war die Losung des Kirchentages. Und das Thema Hoffnung war von zentraler Bedeutung!

Die Christinnen und Christen in der DDR hatten im Jahr zuvor 1953 brutale Verfolgung erlebt. Dass sie nun im sowjetischen Messepavillon unter Hammer und Sichel zusammenkommen konnten, war für viele ein bewegendes Erlebnis. Es wurde versucht, die politischen Themen in den Hintergrund zu rücken. Von den Verantwortlichen wurde geradezu betont, man habe nicht über politische Fragen gesprochen. Und doch war dieser Kirchentag politisch enorm brisant. Allein schon, weil sich das Gefühl der Verbundenheit in Leipzig auf bewegende Weise, beispielsweise beim gemeinsamen Singen auf den Straßen und Plätzen, in den Bussen und Bahnen Ausdruck verschaffte. Zur Hauptversammlung bzw. zum Abschlussgottesdienst auf der Rosentalwiese kamen 650 000 Menschen – die größte Veranstaltung in der Geschichte des Kirchentages!

Auf diesem Kirchentag, mitten in der Suche nach Verarbeitung der Nazi-Diktatur, der Rolle der Kirchen, dem Verlust der Heimat, auch der Schuldfrage hielt Klaus von Bismarck ein Referat über »Die Freiheit des Christen zum Halten und Hergeben«. Wie der Gründer des Kirchentages, Reinold von Thadden-Trieglaff stammte er aus Hinterpommern. Als ich mit meiner Mutter 1997 zu ihrem 75. Geburtstag dorthin gefahren bin, haben wir neben dem Gut, auf dem meine Mutter aufgewachsen ist, auch die Gutshöfe der von Bismarcks und von Thadden-Trieglaffs angeschaut. Die Kirchentagsgründer kannten sich, sie hatten die Kirchentage der Bekennenden Kirche in Pommern erlebt, sie wollten neue Akzente setzen, unabhängig von Kirchenleitungen, als Laienbewegung. Dazu gehörte Mut – aber auch Selbstbewusstsein. Klaus von Bismarck habe ich in meiner Zeit als

Generalsekretärin des Kirchentages noch kennengelernt. Er hatte gewiss beides, Mut und Selbstbewusstsein. Und das war für die Rede, die er 1954 hielt, notwendig. In der Atmosphäre rund um die Frage von Vertreibung, Heimatverlust, Rückkehrhoffnung formulierte Klaus von Bismarck in seinem Vortrag: »Mein Herz sucht in diesem Augenblick die Wiesen, die Felder und Bäume in meiner jetzt polnisch verwalteten Heimat in Pommern. Ich sehe keinen Weg – um offen und nüchtern zu sein –, dorthin zurück zu gelangen, ohne Krieg und neue große Schrecken. Ich will nicht zurück für diesen Preis. … Ich persönlich bin sicher, dass ich heute – sollte ich unerwartet jemals wieder dorthin gelangen – keinen Anspruch erhebe auf das alte, auf meinen Namen im deutschen Grundbuch immer noch eingetragene Eigentum.«[15]

Ich bewundere Klaus von Bismarck bis heute für diese bewegende Rede. Helle Empörung und heftige Auseinandersetzungen waren die Folge – heute würden wir »Shitstorm« dazu sagen. Einer seiner Brüder war seinerzeit noch in Kriegsgefangenschaft, viele Heimatvertriebene rechneten ihm das als Verrat an. Und das können wir uns ja auch heute kaum vorstellen – die Heimat einfach aufgeben? Doch darin liegt auch eine ungeheure Freiheit.

Als wir im Mai 1997 Klaus von Bismarck beerdigten, waren Vertreter der deutsch-polnischen Tagungsstätte anwesend, die er auf seinem ehemaligen Gut gegründet hatte. Seine Brüder warfen pommersche Erde in sein Grab, und der polnische Priester aus dem Ort seiner Geburt sprach ein Gebet. Für mich war es eine anrührende Geste der Aussöhnung. Jener Kirchentag 1954 war übrigens ein Anstoß für die Ost-Denkschrift der EKD und damit auch für die späteren Ostverträge der Bundesregierung …

*

Ich denke, das Thema Heimat treibt mich auch um, weil es in meiner Kindheit und Jugend ein wichtiges Thema war. Diese Trauer um den Verlust der Heimat war ständig präsent. In Stadtallendorf, wo ich aufgewachsen bin, waren im Grunde nahezu alle Flüchtlinge. Die Einwohnerinnen und Einwohner kamen aus Ostpreußen, Pommern, Schlesien, dem Sudentenland und versuchten, sich in Hessen neu zu beheimaten. Mit der Gründung der Eisengießerei »Fritz Winter« 1951 kamen – wie sie damals genannt wurden – »Gastarbeiter« aus dem damaligen Jugoslawien, aus Griechenland, aus der Türkei. Bald schon folgten Italiener, weil die Schokoladenfabrik »Ferrero« 1956 in Stadtallendorf angesiedelt wurde. Alle haben versucht, diesen Ort zu ihrer Heimat zu machen. Schön war Stadtallendorf nie, es hatte einfach keine gewachsene Mitte. Alle, die dort aufgewachsen sind, wissen das. Anfang 2024 traf ich auf der schon genannten Demonstration für Demokratie in Hameln eine junge Frau, deren Eltern aus der Türkei eingewandert waren, und die mir sagte: »Ich stamme auch aus Stadtallendorf!« Wir lachten beide. Denn wir wissen, wie dieser Ort ist – nicht wirklich schön: schwierig, aber eben doch Heimat. Es gab dort nicht, wie in lange gewachsenen Ortschaften, *die* Einheimischen und *die* Zugezogenen, sondern alle kamen irgendwo aus der Fremde. Wahrscheinlich haben wir in der nächsten Generation genau deshalb Toleranz gelernt, Freude an Vielfalt, Neugier auf andere, Mitgefühl mit Geflüchteten. Die Wunden mussten erst heilen, aber die Narben erinnern an das, was war, und bewegen die Betroffenen, aktiv zu werden, um Demokratie und Vielfalt zu verteidigen.

*

Es ist an der Zeit zu zeigen: Wir, die in Frieden, Vielfalt und Meinungsfreiheit miteinander leben wollen, sind das Volk! Wenn ich an all die Kinder dieser Welt denke, dann wünsche ich ihnen, dass sie in Frieden aufwachsen können und mit einer Lebenslust, die Vielfalt bejaht. Sie sollen nicht Abgrenzung und Hass lernen, sondern Freude aneinander und miteinander. Ihnen soll es gleichgültig sein, welche Hautfarbe jemand hat, welche Religion, welche Herkunft. Ein farbenreiches, spannendes Leben wünsche ich ihnen, Neugier auf andere Menschen und andere Kulturen, statt Abgrenzung und Angst.

Es ist an der Zeit, dass die Lebenslust der Kinder und ihre Unbefangenheit Oberhand gewinnen. Und es ist an der Zeit, dass jedes Kind dieselben Chancen bekommt, ganz gleich, in welchem sozialen Umfeld es aufwächst. Die Schriftstellerin Ingeborg Bachmann hat gesagt: »Die Geschichte lehrt andauernd, aber sie findet keine Schüler.« Deshalb sage ich: Es ist an der Zeit, dass wir eifrige Schülerinnen und Schüler der Geschichte werden. Freuen wir uns an einem bunten, vielfältigen Deutschland. Sprechen wir dabei die Probleme offen an – das ist Teil der Freiheit. Wir sollten uns nicht in die Miesepetrigkeit und den Grauschleier alter muffiger Ideologien verstricken lassen. Wir sollten nach vorn schauen, weltoffen, lebensfroh, bunt. Es ist an der Zeit, dass das mal gefeiert wird – so wunderbar ist unsere Heimat!

In meinem Leben bin ich sechzehn Mal umgezogen und fand es eigentlich nie schlimm. Ich dachte immer: Du wirst dich schon wieder zurechtfinden, und Neues macht ja auch neugierig. Ganz anders meine beste Freundin: Sie lebt im Haus ihrer Eltern und Großeltern. Lediglich zum Studium war sie kurze Zeit weg. Prägend ist das ihr vermittelte Grundgefühl: Haus und Land müssen in der Familie bleiben. Da ist uns eine ganz unterschiedliche Lebenshaltung mit auf den Weg gegeben, das ist für unsere Gespräche immer wieder spannend.

Meine Mutter hatte als junge Frau eine Ausbildung zur Krankenschwester absolviert. Sie erlebte in Berlin die Bombennächte, wurde mit ihrer Abteilung nach Rügen evakuiert, floh mit einem Schiff nach Dänemark und musste dort zwei Jahre in einem Lager leben. Dass die Dänen nicht gut auf die Deutschen zu sprechen waren nach all dem Leid, das sie verursacht hatten, ist klar. Aber ich sehe da auch diese verzweifelte junge Frau, 23 Jahre alt, die nicht weiß, ob irgendjemand aus ihrer Familie überlebt hat. Endlich schafft sie es 1946, einen Brief in das kleine Dorf Burgholz in Hessen zu schicken, in dem die Schwester ihrer Mutter lebt. Sie erhält eine Antwort und erfährt, dass ihr kleiner Bruder sich dorthin durchgeschlagen hat, und schreibt am 15. Juli 1946: »Lieber Onkel Georg, mit großem Herzklopfen erhielt ich deinen ausführlichen und klaren Brief. Ich dachte, jetzt ist irgendetwas geschehen, das kannst du dir doch wohl vorstellen. Aber ich bin jetzt wieder ganz beruhigt, man hat wieder Hoffnung. Manchmal sieht man recht schwarz. Es ist so gut, dass man hier arbeiten kann, wir bekommen kein Geld dafür, der Lohn ist die Ablenkung und die besseren Wohn- und Schlafverhältnisse.«

Und am 20. Juli 1946, nachdem sie nun endlich weiß, dass Mutter, Schwester, Nichten und Neffe überlebt haben, schreibt sie: »Meine liebe gute Mutti, Hanni und Kinder, liebes Tante Gretchen, gestern Abend bekam ich den ersehntesten Brief meines Lebens. Meine Verfassung könnt Ihr euch gar nicht vorstellen. Wie war ich in Sorge um euch, eines Teils machte ich mir Vorwürfe, zum anderen musste ich denken, gut, dass Du rausgegangen bist. Was habe ich nach euch geforscht und geschrieben. … Ach, Mutti, jetzt kann ich es gar nicht mehr erwarten, bis wir nach Deutschland kommen und uns wiedersehen.«

Am 19. August 1946: »Mutti, was ich für eine Sehnsucht nach dem Land hab, weißt du wohl nur. Es ist so ein Dahinleben, ein einziges

Betäuben seines ganzen Ichs. Ewig Mauern und immer unter Bewachung, immer die Angst, was kommt heute. … Mir ist manchmal zumute, als sprengt meine Brust auseinander, ich möchte über Wiesen, Felder und Wald laufen, wie wir es fast täglich taten, Mutti, ›zu Hause‹. Aber nun genug, ich ziehe mich wie eine Schnecke in ihr Gehäuse zurück und warte ganz geduldig auf meine Erlösung, die wohl nicht sehr viel anders ausfallen wird, wenn es so bleibt wie jetzt. Es gibt ja auf jeder Seite des Lebens Schattenseiten.«

Sie musste noch ein ganzes weiteres Jahr warten, bis sie endlich auch nach Burgholz in Hessen ausreisen durfte. Die dänische Regierung wollte die deutschen Flüchtlinge durch deutsches medizinisches Personal versorgt sehen, die britische Besatzung hatte schon zu viele Flüchtlinge in Norddeutschland und wollte keine weiteren einreisen lassen. Ein bisschen lachen musste ich immer, wenn meine Mutter erzählte, wie sie auf ihrer Zugfahrt die kleinen Felder in Hessen gesehen hat und dachte: Kann denn ein Landwirt davon leben? Der Vater meiner Freundin sagte immer: Da kommen die aus dem Osten und sagen, sie hätten große Felder gehabt. Kann ja jeder behaupten. So spiegelte sich im Kleinen, was Lastenausgleich im Großen bedeutete.

Mein Schwager hat die Briefe und Tagebuchaufzeichnungen meiner Mutter erst vor wenigen Jahren aus Sütterlin in heute übliche Schrift übertragen. Der Text erreichte mich als Mailanhang, kurz bevor ich mit meinem Partner von Usedom nach Hannover fuhr. Während er am Steuer saß, habe ich vorgelesen. Die Texte haben uns beide ungeheuer gerührt. Natürlich, ich weiß, meine Mutter und mein Vater gehörten zum »Volk der Täter«. Meine Mutter hat auch unverblümt in ihren Tagebüchern festgehalten, dass sie von Hitler beeindruckt war. Aber sie schrieb 1945 dann fassungslos, es könne doch nicht wahr sein, dass man sie so belogen habe. Wie mein Vater hat sie den Krieg gehasst, Filme über Krieg waren bei uns zu Hause nicht erlaubt. Als Kind und Jugendliche habe ich meine Mutter als streng und diszipliniert empfunden. Beim Lesen der Briefe aber habe ich eine große Zuneigung zu ihr gespürt. Ohne Selbstdisziplin hätte sie das alles sicher nicht durchgestanden. Und die kleinen Sorgen, die wir Kinder hatten, waren für sie Lappalien mit Blick auf all das, was sie erlebt hatte.

1997 bin ich mit meiner Mutter wie gesagt nach Köslin und zum alten Gutshof in Latzig gefahren, sie war seit Anfang 1945 nicht dort gewesen. Wir haben alles gefunden, das Haus, das Gut, die wunderbare Ostsee, den Weg »in die Blaubeeren« und »in die Steinpilze«. Am Ende sagte sie: »Das war schön. Aber Heimat ist jetzt woanders.«

1949 konnten meine Eltern wie meine Großmutter und meine Tante aus dem Burgholzer Forsthaus jeweils in eine kleine Wohnung der schnell errichteten Siedlungshäuser ziehen. So ist Stadtallendorf Heimat geworden nach einer Art Wüstenwanderung. Meine älteste Schwester meint, die biblische Geschichte, in der Gott Abraham befahl, mit seiner Familie seine Heimat zu verlassen (1. Mose 12, 1 ff.), habe die Überzeugung unserer Mutter bestärkt, dass der Mensch stets bereit sein müsse, aufzubrechen. Und es stimmt: Die Sehnsucht nach Heimat, die Hoffnung, in einem Land in Frieden leben zu können, und die Erfahrung, Fremdling zu sein, sind sehr präsent im hebräischen Teil der Bibel. Vor allem prägend ist der Aufbruch aus der Sklaverei in Ägypten, um endlich in einem verheißenen Land in Freiheit leben zu können.

*

Im zweiten Buch Mose wird im dritten Kapitel erzählt, wie Mose die Schafe seines Schwiegervaters hütet, als er eine Gottesbegegnung hat. Dort heißt es:

Und der Herr sprach: Ich habe das Elend meines Volks in Ägypten gesehen, und ihr Geschrei über ihre Bedränger habe ich gehört; ich habe ihre Leiden erkannt. Und ich bin herniedergefahren, dass ich sie errette aus der Ägypter Hand und sie aus diesem Lande hinaufführe in ein gutes und weites Land, in ein Land, darin Milch und Honig fließt, in das Gebiet der Kanaaniter, Hetiter, Amoriter, Perisiter, Hiwiter und Jebusiter. Weil denn nun das Geschrei der Israeliten vor mich gekommen ist und ich dazu ihre Drangsal gesehen habe, wie die Ägypter sie bedrängen, [10]so geh nun hin, ich will dich zum Pharao senden, damit du mein Volk, die Israeliten, aus Ägypten führst. Mose sprach zu Gott: Wer bin ich, dass ich zum Pharao gehe und führe die Israeliten aus Ägypten? Er sprach: Ich will mit dir sein. Und das soll dir das Zeichen sein, dass ich dich gesandt habe: Wenn du mein Volk aus Ägypten geführt hast, werdet ihr Gott dienen auf diesem Berge.

Mose sprach zu Gott: Siehe, wenn ich zu den Israeliten komme und spreche zu ihnen: Der Gott eurer Väter hat mich zu euch gesandt!, und sie mir sagen werden: Wie ist sein Name?, was soll ich ihnen sagen? Gott sprach zu Mose: Ich werde sein, der ich sein werde. Und sprach: So sollst du zu den Israeliten sagen: »Ich werde sein«, der hat mich zu euch gesandt. [15]Und Gott sprach weiter zu Mose: So sollst du zu den Israeliten sagen: Der Herr, der Gott eurer Väter, der Gott Abrahams, der Gott Isaaks, der Gott Jakobs, hat mich zu euch gesandt. Das ist mein Name auf ewig, mit dem man mich anrufen soll von Geschlecht zu Geschlecht.

Darum geh hin und versammle die Ältesten von Israel und sprich zu ihnen: Der Herr, der Gott eurer Väter, ist mir erschienen, der Gott Abrahams, der Gott Isaaks, der Gott Jakobs, und hat gesagt: Ich habe mich euer angenommen und gesehen, was euch in Ägypten widerfah-

ren ist, und habe gesagt: Ich will euch aus dem Elend Ägyptens führen in das Land der Kanaaniter, Hetiter, Amoriter, Perisiter, Hiwiter und Jebusiter, in das Land, darin Milch und Honig fließt. Und sie werden auf die hören. (2. Mose 3,7-18)

Eine spannende Geschichte! Gott erklärt Mose, dass er sieht, wie schlecht es dem Volk Israel geht. Mose soll es in die Freiheit führen. Aber der zweifelt. Ausgerechnet *er* soll das Volk Israel vor den Pharao treten? Er ist doch nur ein kleiner Hirte! Zudem einer, den die Tochter des Pharaos einst aufgenommen hat und der dann einen Aufseher ermordete. Mose soll den Pharao mit den Forderungen nach Freiheit konfrontieren und das Volk anführen? Das erscheint ihm eine Aufgabe, der er nicht gewachsen ist. Gott aber ermutigt Mose, er werde ihm Kraft geben, ihn begleiten und stärken, mit ihm sein. Und wenn er nicht so gut reden könne, wäre doch sein Bruder Aaron bereit, das für ihn zu tun.

Der zweite Zweifel von Mose aber betrifft das Volk Israel. Wer soll denn nun ausgerechnet ihm glauben, dass Gott ihn gesandt hat? Gott sagt, sein Name sei »Ich werde sein, der ich sein werde«. Das heißt, Gott lässt sich nicht festnageln auf irgendwelche Zuschreibungen, einengen durch Begriffe. »Gott wird sein« – das ist die zweite Antwort auf die Frage, wie Gott ist, nämlich so, wie es die Väter im Glauben erfahren haben. Ich würde die Mütter Sarah, Hagar, Rebekka, Lea Rahel gern hinzufügen. Beheimatung findet auch durch Tradieren, durch Weitererzählen statt. Schließlich will Gott sie in ein anderes Land führen, in dem Milch und Honig fließen. Nicht nur Wasser und Brot verspricht Gott, sondern ein Leben in Fülle. Allerdings: Dort leben schon andere Völker, Konflikte sind vorprogrammiert. Und das ist eine Geschichte, die bis heute andauert …

Dieses Versprechen auf ein Land, in dem das Volk Israel frei leben kann, in dem alle Menschen frei leben können, beheimatet sind, die braune Erde bebauen können, das Land fruchtbar machen, das ist entscheidend. Zur Beheimatung gehören Menschen, denen wir vertrauen, die wir lieben, all die Beziehungen in Familie, Freundschaft und unserem gesellschaftlichen Umfeld. Und dazu gehören auch Erzählungen, Narrative, Religion. Das Volk Israel ist geprägt von dieser Geschichte des Auszugs aus Ägypten, von dem Versprechen Gottes auf Land, in dem es frei leben kann.

Solche Erzählungen sind uns heute vielfach verloren gegangen in Deutschland, es fehlen die gemeinsamen Narrative, die christlichen Feste erscheinen oft völlig sinnentleert. Von den Inhalten der großen Feste wissen viele nichts mehr, und auch gemeinsame Texte fehlen. Dabei sind religiöse Festtage und Rituale von großer Bedeutung für die Gemeinschaft. Ohne Feste, die Inhalt und Sinn haben, gibt es nur noch Festivitäten und Events, die letzten Endes inhaltsleer sind.

Wenn ich mit anderen im Gottesdienst zusammen bin, spüre ich Gemeinsamkeit. Wir teilen Festtage und Texte. Wir singen gemeinsam Lieder, kennen das Bekenntnis, die Psalmen und Gebete. Und genau das beheimatet uns, schafft eine Gemeinschaft, in der wir geborgen sind. Alexander Deeg, Professor für Praktische Theologie in Leipzig, schreibt: »Die Kirche *hat* nicht eine Tradition, über die sie selbstständig verfügen könnte, etwa indem sie darüber befindet, was weiterzugeben, aktuell bzw. traditionswürdig ist. Sie kultiviert nicht einfach eine kollektive Erinnerung oder ein kollektives Gedächtnis, um nicht geschichtsvergessen zu werden oder um aus der Geschichte zu lernen. Sie tradiert das, was sie selbst immer wieder neu empfängt, damit andere es empfangen können, indem sie es an diese weitergibt. Die jeweils Jüngeren sollen dann das Empfangene selbst erproben und wieder weitergeben an die zukünftigen Generationen.«[16] So habe ich das persönlich erlebt. Ich bin hineingewachsen in den Glauben und die Traditionen meiner Großeltern und Eltern und gebe beides weiter an meine Kinder und Enkel.

Oh ja, da gibt es auch Konflikte, ich weiß. Wir ringen um Glauben, um den Weg unserer Kirche in die Zukunft. Aber wir finden Halt und Haltung, weil wir wissen, wohin wir gehören und wohin wir gehen. Als Christinnen und Christen müssen wir das Leid dieser Welt nicht ausblenden. Wir glauben, dass es nicht Gott ist, der Leid schickt – sondern dass Gott uns die Kraft schenken kann, mit dem Leid zu leben und immer wieder neue Wege zu finden, als Subjekte unseres Lebens. Manchmal werden das Wege durch steiniges Gelände oder eine Wüste sein, manchmal Wege durch blühende Felder oder wunderbare Waldwege. Aber ich vertraue darauf, dass es Wege sind hin zu Gemeinschaft und Vertrauen, zu einem Leben in Freiheit, so verschieden wir sein mögen.

Braun bleibt für mich die Farbe der Hoffnung auf Heimat. In der Farbenlehre gilt Braun als »gebrochene« Farbe, weil sie durch das Mischen von Rot mit Grün oder zusätzlich auch noch schwarz entsteht. Eine Tertiärfarbe also und gleichzeitig eine Naturfarbe. Das passt zum Thema Heimat.

SCHWARZ
Hoffnung auf Trost

Ich mag die Farbe Schwarz. Das liegt vielleicht auch an meiner Berufskleidung, dem Talar, den ich bei Hunderten von Gottesdiensten, Beerdigungen, Hochzeiten und Taufen seit 1983 trage. Es ist immer noch der erste, für den ich im Vikariat einen Kredit aufgenommen habe. Andere können sich wohl gar nicht vorstellen, was so ein Kleidungsstück im Laufe des Berufslebens bedeutet. Mein Talar hat damals 800 Mark gekostet, wir konnten den Betrag bei der Landeskirche »abstottern«. Mit ihm verbinden sich viele, viele Erinnerungen an wunderbare Festgottesdienste, aber auch erschütternde Trauerfeiern. Erst 2001 habe ich einen zweiten Talar angeschafft. Der erste ist aus Kaschmir, was in Nordhessen sinnvoll war, weil es bei Beerdigungen auf dem Friedhof sehr kalt werden kann. Beim Frankfurter Kirchentag 2001 war es aber derart heiß, dass ich bei zwei Gottesdiensten unter dem Talar unfassbar geschwitzt habe. Also habe ich als Gegenstück einen »Tropentalar« angeschafft, der ist ganz leicht und vor allem knitterfrei. Ihn hatte ich seitdem immer dabei, wenn ich in Afrika oder Lateinamerika Gottesdienste bei Partnerkirchen gehalten habe, aber auch, wenn der Koffer klein sein musste für die Reise zu einem Gottesdienst in Deutschland.

Manches Mal wurde mir gesagt: Wie schade, dass ihr Talar so schwarz ist, das macht die Gottesdienste so traurig. Offen gestanden verstehe ich das nicht. Mir selbst hat der schwarze Talar stets eingeleuchtet. Zum einen nimmt sich die Person dahinter zurück. Im

Gottesdienst bin ich Liturgin und Predigerin. Ob ich dünn bin oder dick, schwanger oder nicht, einen Rock trage oder eine Hose, das alles tritt zurück. Und wenn ich den Talar trage, bin ich erkennbar als Amtsträgerin meiner Kirche, die das Evangelium, Trost und Hoffnung verkündigt. Das gilt bei normalen Gottesdiensten, aber vor allem auch bei Trauerfeiern.

2003 war ich eingeladen, einen der Hauptvorträge bei der Vollversammlung des Lutherischen Weltbundes in Winnipeg/Kanada zu halten. Ich habe schon viel Buntes in der Ökumene gesehen. Aber mich hat doch nachhaltig beeindruckt, dass es Kollarhemden in wahrhaftig allen Farben und Größen zu kaufen gab. Für Männer und für Frauen, mit langem und mit kurzem Arm, in Lila und Hellgrün, Grau und Weiß, Rosa und Schwarz. Du lieber Himmel, was ist in die Lutheraner gefahren, dachte ich!

Drei Argumente höre ich immer wieder für das Tragen von Kollarhemden, Stolen und Eckenkragen: Farbenfreude, Ästhetik und Erkennbarkeit. Zur Farbenfreude sagte mir ein Pastor kürzlich: »Es ist doch so trist in Schwarz. Bunt ist irgendwie schöner.« Stolen sind deshalb »in«, nicht nur in der liturgischen Farbe der Kirchenjahreszeit, sondern auch bunt gemischt, gestickt und genäht, etwa von der Partnerkirche.

Bis ich 2018 in den Ruhestand verabschiedet wurde, hatte ich insgesamt elf Stolen geschenkt bekommen. Ich habe sie alle an junge Kolleginnen weiterverschenkt. Nur ein einziges Mal habe ich eine Stola getragen: Im Pfingstgottesdienst 2000 auf der EXPO Plaza in Hannover. Erzbischof Desmond Tutu war auf meine Einladung hin der Prediger und erklärte mir, Pfingsten müsse er in seiner anglikanischen Tradition eine rote Stola anlegen. So habe ich mich aus Gastfreundschaft angepasst. Danach habe ich es immer abgelehnt, weil ich mich den ganzen Gottesdienst gefragt habe: »Warum musst du dich jetzt mit roter Farbe »aufhübschen?« Es muss nicht bunt werden, damit es fröhlicher und festlich wird. Der Talar ist doch das zentrale Zeichen der Verkündigung in unserer Tradition.

Und in der Tat: Wird ein evangelischer Pfarrer in der Karikatur dargestellt, wird er ganz gewiss mit Talar und Beffchen gezeichnet – jeder weiß, wer gemeint ist. Schwarzer Talar und Beffchen sind *das* Kennzeichen der Amtsträgerinnen und Amtsträger in der Kirche der Reformation. Von Martin Luther wird berichtet, dass er zu Beerdigungen und Taufen auch das alte Messgewand getragen hat, in »normalen« Gottesdiensten aber den Talar. Die Messgewänder wurden erst 1811 durch die Einführung des schwarzen Talars abgelegt. Grundlage war eine Kabinettsorder für Pfarrer, die König Friedrich Wilhelm III. in Preußen auf den Weg brachte. Von da an entwickelte sich der Talar mit dem Beffchen zur regulären Amtstracht. Wobei das Beffchen ein eigenes Thema ist. Es diente ursprünglich dazu, den guten schwarzen Stoff vor Abnutzung durch den langen Bart des Pfarrers zu schützen. Viele Pastorinnen haben daher einen weißen Kragen dem Beffchen vorgezogen. Ganz zu Anfang meines Vikariats hatte ich auch einen solchen Kragen. Aber nachdem bei meiner ersten Konfirmation ein Vater sagte: »Sie sehen ja selbst aus wie eine Konfirmandin!«, bin ich dann doch zum Beffchen übergegangen. Am Beffchen lässt sich übrigens die Konfession des Pfarrers bzw. der Pfarrerin ablesen: lutherisch ist es ganz offen, uniert halb zugenäht und reformiert ganz geschlossen. Also sagt schon ein Talar mit Beffchen einiges aus …

Der Talar ist die Bekleidung des Lehramtes, sicher. Für mich bedeutet er in seiner Schlichtheit vor allem eines: Er steht für evangelisches Amtsverständnis. Unser Amt ist kein Weiheamt. Evangelische Geistliche befinden sich nicht in einem anderen Status als andere Gemeindemitglieder, wir haben keinen *character indelebilis,* der uns mit der Weihe verliehen wird und uns abhebt von der Gemeinde, sondern wir werden ordiniert auf Wort, Sakrament und Treue zu unserer Kirche. Wir sind berufen von der Gemeinde, einen besonderen Dienst zu tun. Als Ordinierte werden wir beauftragt, nachdem wir Theologie studiert haben, besondere Verantwortung für Verkündigung, Lehre und Bekenntnis zu übernehmen. Wir bleiben aber Teil der Gemeinschaft des Priestertums aller Getauften.

Das gilt auch für das Bischofsamt. 2008 Jahr war ich bei unserer Partnerkirche in Tranquebar, Südindien zu Gast. Anlass war ein großes Fest: 300 Jahre lutherische Kirche in Indien, heute eine Partnerkirche des Hermannsburger Missionswerks mit einem Bewusstsein für die gemeinsame Geschichte. Es kamen viele Kirchenvertreter mit Mitra und großartigen Gewändern, ich kam nur im schwarzen Talar mit Beffchen und Kreuz. Der schwedische Bischof gekleidet in einen großen weißen goldbestickten Umhang samt Mitra, sagte etwas spöttisch: »Margot, wo ist deine Mitra?« Ich sagte: »Brauche ich nicht.« »Aber doch!«, sagte er, » … wirst schon sehen.« Sein Blick fiel auf unseren indischen Kollegen, dessen Umhang ebenso wie seine Mitra lila und goldbestickt war.

Doch die indischen Christinnen und Christen kamen fröhlich auf mich zu, weil sie genau diese Kleidung – schwarzer Talar mit Beffchen – von den überall plakatierten historischen Bildern des ersten lutherischen Missionars Bartholomäus Ziegenbalg kannten: »You are from Ziegenbalgs country!«, sagten sie.

»O yes!«, habe ich fröhlich erwidert.

So wurde eine kleine Bischöfin in Indien gleich als lutherisch erkannt: Ohne Mitra und buntes Gewand, einfach durch den schwarzen Talar, der getragen wird, um nicht abzulenken vom »Wort allein«, wie es bei Luther heißt.

Hinter dem schwarzen Talar mit Beffchen tritt die Person zurück Es ist nicht zuallererst die Persönlichkeit des Pastors oder der Pastorin, die auf der Kanzel der Gemeinde gegenübertreten, es ist das Wort Gottes, das verkündigt werden will. Und dahinter hat die verkündigende Person zurückzutreten. Beim Predigen soll die Gemeinde nicht durch Überlegungen abgelenkt werden, ob die Stola »hübsch« sei, der Rock zu kurz oder der Mensch zu dünn, sondern um den Gottesdienst und die Verkündigung geht es.

Wenn mit Ästhetik argumentiert wird, denke ich, der schwarze Talar hat tatsächlich eine besondere Ausstrahlung. Nicht umsonst gilt Schwarz als »edle Farbe«. Bei festlichen Gelegenheiten heißt es in der Einladung manches Mal, ein schwarzer Anzug bzw. für Damen das »kleine Schwarze« seien gewünscht. Ästhetik entsteht auch durch Reduktion, indem alle die gleiche Farbe tragen.

Mein Vikariatsmentor fragte mich einmal, als ich im grünen Rock zum Gottesdienst kam, ob ich denn ein Dirndl unter den Talar ziehen wolle. Das war sicher etwas hart, aber es hat gesessen. Seitdem trage ich immer schwarz unter dem Talar. Und wenn ich einen Kollegen mit Albe und grüner Stola sehe, darunter aber braune Cordhose und Birkenstocksandalen, ist mein ästhetisches Empfinden durchaus herausgefordert.

Inzwischen entwickelt sich, typisch protestantisch, ein fröhliches Durcheinander. Das habe ich zum ersten Mal registriert, als ich im Kloster in Helmstedt, wo liturgische Gewänder hergestellt werden, die Liste mit den Regelungen der Landeskirchen sah: Die einen erlauben Alben, also weiße Talare, die anderen nicht, wieder andere unter bestimmten Bedingungen. Dasselbe gilt für Stolen. Die einen befürworten das Tragen einer Stola mit Beffchen, andere sind strikt dagegen, wieder andere können Stolen nur in Verbindung mit Alben sehen. Viele sagen, Stolen müssten farblich zur Kirchenjahreszeit passen, andere finden, dass eine »Regenbogenstola« die Fröhlichkeit des Evangeliums ausdrückt. In der hannoverschen Landeskirche haben wir zur Amtskleidung von Pastorinnen und Pastoren in einer Rundverfügung geschrieben: »Zu besonderen Anlässen, nicht aber als Regel, ist auch die Stola zum schwarzen Talar möglich. Sie soll dem Kirchenjahr gemäße Farben haben und bei mehreren Talartragenden möglichst einheitlich sein.« Manche empfanden das als »Ukas aus Hannover«, wie mir ein Superintendent sagte. Für mich war es ein Versuch, eine gewisse Ordnung und Wiedererkennbarkeit zu gewährleisten.

Schließlich geht es vielen Pfarrerinnen und Pfarrern auch um die Erkennbarkeit außerhalb des Gottesdienstes. Manche sagen: »Mich erkennt ja niemand als Geistlichen, wenn ich kein Kollarhemd trage.« Oder: »In Deutschland trage ich so etwas nicht, aber in der weltweiten Ökumene ist das wichtig für die Anerkennung.« Als was wollen wir erkennbar sein? Als Erstes doch als Christinnen und Christen. Da werden wir erkennbar nicht durch Farben und Kleidung, sondern durch unser Reden und Handeln.

Das Kollarhemd entstand im römisch-katholischen Bereich im 19. Jahrhundert, gestärkt wurde seine Verbreitung durch die konziliaren Beschlüsse über die Erkennbarkeit der Weltgeistlichen. Wenn deshalb heute junge Kollegen mit dem Skateboard in den Gottesdienst fahren und das ohne Talar tun, weil sie Erneuerung zeigen wollen, aber ein Kollarhemd tragen, muss ich eher schmunzeln. Warum ist der Talar negativ, das Kollarhemd aber positiv besetzt?

Ich bleibe jedenfalls beim schwarzen Talar mit Beffchen im Gottesdienst.

*

Schwarz ist die Farbe der Festlichkeit. Viele Frauen haben ein »kleines Schwarzes« für besondere Anlässe im Schrank. Und auch Männer sehen Schwarz als besonders an. Als ich im Advent 2023 zu einer

Adventslesung in Ober-Ramstadt war, haben wir uns vorab mit den drei Musikern zum Essen getroffen. Sie waren leger gekleidet. Aber als sie auf die Bühne kamen, hatten sie alle einen schwarzen Frack an – das gab dem Anlass sofort eine besondere Stimmung. Die Mitglieder klassischer Orchester sind in der Regel schwarz gekleidet.

Aber Schwarz ist auch *die* Farbe der Trauer – jedenfalls in unserem Teil der Erde. Früher trugen Trauernde nach dem Verlust eines nahestehenden Menschen ein Jahr lang schwarze Kleidung. Es war ein äußeres Zeichen für die inneren Gefühle und auch ein Schutz – mit Trauernden gehen andere behutsamer um. Schwarz wird auch der Altar verhüllt am Karfreitag und am Karsamstag. Es geht um Trost und Treue.

Ich denke daher, gegen allen Augenschein lässt sich Schwarz als Farbe der Hoffnung betrachten, der Hoffnung auf Trost. Als Pastorin und Bischöfin habe ich immer wieder versucht, Trost zu spenden, und habe oft gespürt, wie sehr Menschen sich danach sehnen, weil sie belastet sind in ihrem Leben. Trauerfeiern lagen und liegen mir besonders am Herzen, weil ich weiß, wie wichtig es für die Angehörigen ist, nicht mit banalen Formeln abgespeist zu werden, sondern mit Zuwendung. Wann immer Menschen verzweifelt sind, weil die Trauer sie zerreißt, ist es gut, ihnen als Pastorin die Geländer der Rituale und Traditionen, der Texte und Gebete an die Hand zu geben. So, denke ich, können wir als Pastorinnen und Pastoren schon heute helfen, Tränen abzuwischen. Der schwarze Talar gibt dabei auch die notwendige Distanz. Wenn die Pastorin selbst bei der Trauerfeier in Schluchzen und Tränen ausbricht, ist es für die Angehörigen nicht hilfreich.

*

Das Wort Trost hat seine Wurzel in Treue. Trost bedeutet also auch, dass wir den Menschen treu bleiben: Denjenigen, die erkranken, die von uns gehen, und den Menschen, die trauern, Schmerz erleiden. Die Erfahrung, dass der Tod eben nicht das letzte Wort hat, machen Menschen immer wieder. Als Christinnen und Christen nennen wir diese Erfahrung Auferstehung. Wir vertrauen darauf, dass wir auch nach diesem Leben bei Gott geborgen sind. Wir müssen den Tod nicht verdrängen oder verschweigen, wir können dem Tod ins Auge sehen, wenn wir nicht ihm die letztgültige Macht geben.

Friedrich Spee, ein junger Jesuitenpater, der Anfang des 17. Jahrhunderts lebte, fragt in seinem Adventslied »Oh Heiland reiß den Himmel auf« im 4. Vers: »Wo bleibst du, Trost der ganzen Welt, darauf sie all ihr Hoffnung stellt?« Immer wenn ich eines seiner Lieder singe, empfinde ich Respekt und Hochachtung. Spee hat Frauen auf dem Weg zum Scheiterhaufen begleitet, die als »Hexen« verbrannt wurden. Was für eine Kraft muss es ihn gekostet haben, in dieser entsetzlich grausamen Situation Seelsorger zu sein. Aber er war es in seinem Amt und in seinem Amtsverständnis.

Im Johannesevangelium (20, 11–18) findet sich folgende Erzählung: *Maria aber stand draußen vor dem Grab und weinte. Als sie nun weinte, beugte sie sich in das Grab hinein und sieht zwei Engel in weißen Gewändern sitzen, einen zu Häupten und den andern zu den Füßen, wo der Leichnam Jesu gelegen hatte. Und die sprachen zu ihr: Frau, was weinst du? Sie spricht zu ihnen: Sie haben meinen Herrn weggenommen, und ich weiß nicht, wo sie ihn hingelegt haben. Und als sie das sagte, wandte sie sich um und sieht Jesus stehen und weiß nicht, dass es Jesus ist. Spricht Jesus zu ihr: Frau, was weinst du? Wen suchst du? Sie meint, es sei der Gärtner, und spricht zu ihm: Herr, hast du ihn weggetragen, so sage mir: Wo hast du ihn hingelegt? Dann will ich ihn holen. Spricht Jesus zu ihr: Maria! Da wandte sie sich um und spricht zu ihm auf Hebräisch: Rabbuni!, das heißt: Meister! Spricht Jesus zu ihr: Rühre mich nicht an! Denn ich bin noch nicht aufgefahren zum Vater. Geh aber hin zu meinen Brüdern und sage ihnen: Ich fahre auf zu meinem Vater und eurem Vater, zu meinem Gott und eurem Gott. Maria Magdalena geht und verkündigt den Jüngern: »Ich habe den Herrn gesehen«, und was er zu ihr gesagt habe.*

Maria ist untröstlich. Sie hat Jesus geliebt – er wurde brutal hingerichtet. Jetzt möchte sie ihm wenigstens die letzte Ehre erweisen, zu seinem Grab gehen, ihn vielleicht salben oder das Grab schmücken. Aber der Leichnam ist nicht zu finden. Sie wird angesprochen: »Warum weinst du?« So, wie es das Johannesevangelium erzählt, spricht Jesus selbst sie an. Als er ihren Namen sagt, erkennt sie ihn und spricht auch ihn an.

Gewiss, eine Auferstehungserzählung, eine Hoffnungsgeschichte, kein Tatsachenbericht. Mich rührt an dieser Geschichte immer an, dass Maria Jesus nicht an der Gestalt erkennt, sondern an seiner Stimme, in dem Moment, in dem er ihren Namen ausspricht. Da ist etwas Vertrautes zwischen beiden, wenn sie sogleich antwortet: »Rabuni!«. Stimmen sind etwas Besonderes. Ich finde überraschend, dass Menschen sich manchmal umdrehen, im Zug oder auf der Straße und mir sagen, sie hätten mich an meiner Stimme erkannt. Eine Stimme bringt etwas zum Klingen.

Bei Maria wird es Liebe sein, die anklingt, Zuneigung, Vertrautheit, Geborgenheit. Es ist ihr ein Trost, dass Jesus nicht vollkommen verschwunden ist. Der Leichnam spielt keine Rolle mehr. Sie erfährt die Begegnung als Auftrag weiterzugeben, was sie erlebt hat. Er ist nicht tot! Jesus bleibt präsent.

*

Trost ist niemals Vertröstung! Als würde irgendwie nach dieser Welt alles besser – das wäre dann nach Karl Marx »Opium des Volkes«. Aber in dieser Erfahrung, dass der Tod nicht das letzte Wort hat, liegt für mich ein gewisser Widerstand gegen die Realität der Welt.

Wer ist wohl die Figur, die Eberhard Münch in seinem Bild in Szene gesetzt hat? Auf jeden Fall findet sie ihren Weg, geht nach vorn, heraus aus der Dunkelheit in ein helles Morgen. Mitten im Schwarz zeigen sich hoffnungsvoll Schritte ins Licht.

Manchmal habe ich in diesen Tagen den Eindruck, wir sind eine trostlose Gesellschaft geworden. Corona, Krieg, Flüchtlingskrise, Inflation – da fehlen die hoffnungsvollen Aussichten. Aber ohne Hoffnung kann der Mensch nicht leben. Vielleicht, denke ich, hätten wir beispielsweise mehr feiern müssen, als die Pandemie vorbei war. Was hatten wir darauf gehofft, fast wie auf eine Erlösung. Dann wurden nach und nach die Einschränkungen zurückgenommen, Normalität machte sich breit – und irgendwie auch eine grundsätzliche Mißmutigkeit. In anderen Ländern gab es einen »Freedom Day«. Ein silber-glänzendes Fest der Gesundheit zum Ende der Pandemie, ein kleiner Freudentaumel: Wir haben es geschafft! Das hätte uns allen gutgetan, hätte ein Gemeinschaftsgefühlt geschaffen!

*

Am Ostersonntag 2024 war ich zum Gottesdienst in Heringsdorf. Der Pastor sagte: »Gott war definitiv ein Ossi. Er hat aus Scheiße Bonbons gemacht.« Erläutert hat er das nach dem Motto: Aus einem Toten erwächst das Leben. Das hat für Erheiterung der Gemeinde gesorgt – Osterlachen ist angesagt. Aber das Bild mit den Bonbons? Auf dem Weg zurück zum Parkplatz nach dem Gottesdienst habe ich das angesprochen, und eine Freundin aus Leipzig sagte: »Das war bei uns in der DDR eine stehende Redewendung!« Das hatte ich echt nicht gewusst. Und ich fand die Predigt gut. Sie kam etwas flapsig daher, hat aber genau diesen Widerspruch des Glaubens gegen die Realität des Lebens thematisiert: Der Tod hat nicht das letzte Wort, das gestehen wir ihm nicht zu! Ja, es gibt das Leid, all die vielen kleinen Tode! Aber wir leisten Widerstand gegen den großen Tod und glauben tapfer gegen ihn an. Der Kollege im Talar hat diesen Mut, diesen Trost vermittelt am Ostersonntag 2024, und die Gemeinde ging leicht beschwingt in den Tag.

WEISS
Hoffnung auf Nachkommenschaft und Lebenschancen

Weiß gilt als Farbe der Unschuld. Vielleicht, weil ein weißes Blatt Papier im wahrsten Sinne des Wortes ein unbeschriebenes Blatt ist? Wenn ich Texte schreibe, kann ein weißes Blatt auch Unruhe erzeugen. Was wird darauf stehen? Was kann ich schreiben? Fällt mir etwas ein? Wie werden andere darauf reagieren?

Gerade bei Frauen spielt die Farbe Weiß eine große Rolle. Im weißen Brautkleid sollen oder wollen viele vor den Traualtar treten. Roy Black klingt den Älteren unter uns in den Ohren: »Ganz in Weiß mit einem Blumenstrauß …« Eigentlich purer Kitsch, aber irgendwie bleibt die Zeile hängen und klingt nach.

Die Farbe Weiß sollte einst zeigen, dass die Braut »unschuldig« ist. Was aber bedeutet das eigentlich? Dass Sexualität vor der Ehe Schuld mit sich bringt – und wenn, dann nur für die Frau, aber nicht für den Mann? Schuld und Sünde auf Sexualität zu reduzieren, war ein jahrhundertelanger Irrweg der Kirche. »Sexualität ist eine gute Gabe Gottes« – so wird erst seit den 1970er-Jahren in unserer Kirche formuliert. Ein wichtiger Schritt, diese Erkenntnis: Sexualität ist nicht sündig, belastet Menschen nicht mit Schuld, sondern ist ein Geschenk, wo immer sie in Liebe, Vertrautheit und ohne Gewalt für zwei Menschen Erfüllung bringt. Schuld und Sünde entsteht im Zusammenhang von Sexualität, wann immer Macht und Gewalt ins Spiel kommen.

Es galt früher in vielen Regionen Deutschlands als Strafe für schwangere Bräute, dass sie in Schwarz vor den Altar treten mussten – was für eine öffentliche Demütigung durch die Kirche! Und es gibt Regionen in der Welt, in denen das weiße Laken der Hochzeitsnacht mit Blutfleck präsentiert werden muss, damit die voreheliche »Unschuld« der Braut dokumentiert ist. Inzwischen nähen Gynäkologinnen und Gynäkologen jungen Frauen die sogenannte »Jungfernhaut« wieder zu, damit das möglich wird. Gerade Frauen mit muslimischer Tradition macht das zu schaffen. Gleichzeitig kleiden sich Frauen, in deren Leben Religion überhaupt keine Rolle spielt, zur Hochzeit in Weiß und lassen sich auch noch von ihrem Vater zum Traualtar führen. Als Pfarrerin habe ich stets versucht, die Braut umzustimmen. In Deutschland kommt schließlich ein standesamtlich verheiratetes Ehepaar zur Kirche und bittet um Gottes Segen, es übergibt nicht ein Vater dem Schwiegersohn die eigene Tochter in Obhut. Da haben US-amerikanische Filme sehr merkwürdige neue Traditionen in die Köpfe eingepflanzt.

Aber warum eigentlich wurde Sexualität mit Schuld gleichgesetzt? Und warum waren Frauen , die sich nicht an die Regel der sexuellen Enthaltsamkeit vor der Ehe hielten, vom harten Urteil betroffen, Männer aber galten als potent, wenn sie viele Kinder zeugen. Denken wir nur an die biblische Gestalt von Jakob. Er hat dreizehn Kinder von vier Frauen, mit denen er gleichzeitig lebt. Aber nirgends wird ihm das negativ angekreidet, er genießt vielmehr großen Respekt als einer der Urväter Israels.

Theologisch ist die Rede von »unbefleckter Empfängnis« bei Maria, der Mutter Jesu. Warum? Weil Sexualität die Frau oder das von ihr geborene Kind befleckt? Ich finde tragisch, dass die Kirchen Sexualität derart mit Sünde in Verbindung gebracht haben. So wurde die Schönheit der Sexualität, die wunderbare Vertrautheit, die zwei Menschen miteinander erleben können, zerstört. Ich erinnere mich an die Verfilmung des großartigen Romans von Isabel Allende »Das Geisterhaus«. Da liegt die junge Frau komplett mit dem Brautkleid bekleidet auf dem Rücken und der Mann dringt durch ein Loch in ihrer Wäsche das vorher eingenäht wurde, in sie ein. Wie furchtbar muss das für die Frauen, aber auch für die Männer gewesen sein? Lustvolle Sexualität wurde verachtet, geächtet. Und Sexualität war insgesamt absolut angstbesetzt, weil eine unverheiratet schwangere Frau als Schande für die ganze Familie galt – und in vielen Kulturen sogar in unserer Zeit noch gilt. Dabei »beflecken« eine Schwangerschaft und eine Geburt eine Frau doch nicht, sondern sind ein wunderbares Geschenk!

*

In der Bibel ist die Hoffnung auf ein Kind immer wieder ein großes Thema. Da ist die schon genannte Sarai, die lange vergeblich auf ihren Sohn Isaak wartet, im Neuen Testament ist es Elisabeth, die erst spät und lange ersehnt schwanger und Mutter von Johannes dem Täufer wird. Intensiv erzählt ist auch die Geschichte von Hanna, der Mutter des Propheten Samuel. Sie möchte so gern ein Kind bekommen, ihr Mann Elkana liebt sie sehr. Aber es klappt einfach nicht. Doch mit seiner zweiten Frau Pennina bekommt er Kinder, an ihm liegt es also nicht. Im ersten Samuelbuch heißt es im ersten Kapitel (4 ff.):

Wenn nun der Tag kam, dass Elkana opferte, gab er seiner Frau Peninna und allen ihren Söhnen und Töchtern ihre Anteile. Aber Hanna gab er nur einen Anteil, obgleich er Hanna liebhatte; der Herr aber hatte ihren Leib verschlossen. 6 *Und ihre Widersacherin kränkte und reizte sie sehr, weil der Herr ihren Leib verschlossen hatte. So ging es alle Jahre; wenn sie hinaufzog zum Haus des Herrn, kränkte jene sie.*

Dann weinte Hanna und aß nichts. Elkana aber, ihr Mann, sprach zu ihr: Hanna, warum weinst du und warum isst du nichts? Und warum ist dein Herz so traurig? Bin ich dir nicht mehr wert als zehn Söhne?

Da stand Hanna auf, nachdem sie in Silo gegessen und getrunken hatten. Eli aber, der Priester, saß auf einem Stuhl am Türpfosten des Tempels des Herrn. Und sie war von Herzen betrübt und betete zum Herrn und weinte sehr und gelobte ein Gelübde und sprach: Herr Zebaoth, wirst du das Elend deiner Magd ansehen und an mich gedenken und deiner Magd nicht vergessen und wirst du deiner Magd einen Sohn geben, so will ich ihn dem Herrn geben sein Leben lang, und kein Schermesser soll auf sein Haupt kommen.

Und da sie lange betete vor dem Herrn, achtete Eli auf ihren Mund; denn Hanna redete in ihrem Herzen, nur ihre Lippen bewegten sich, ihre Stimme aber hörte man nicht. Da meinte Eli, sie wäre betrunken. Und Eli sprach zu ihr: Wie lange willst du betrunken sein? Gib den Wein von dir, den du getrunken hast! Hanna aber antwortete und sprach: Nein, mein Herr! Ich bin eine betrübte Frau; Wein und starkes Getränk hab ich nicht getrunken, sondern habe mein Herz vor dem Herrn ausgeschüttet. Du wollest deine Magd nicht für eine zuchtlose Frau halten, denn ich hab aus meinem großen Kummer und aus Traurigkeit so lange geredet. Eli antwortete und sprach: Gehe hin mit Frieden; der Gott Israels wird dir geben, was du von ihm erbeten hast. Sie sprach: Lass deine Magd Gnade finden vor deinen Augen. Da ging die Frau ihres Weges und aß und sah nicht mehr so traurig drein.

Und am andern Morgen machten sie sich früh auf. Und als sie angebetet hatten vor dem Herrn, kehrten sie wieder um und kamen heim nach Rama. Und Elkana erkannte Hanna, seine Frau, und der Herr gedachte an sie. Und als die Tage um waren, ward Hanna schwanger, und sie gebar einen Sohn und nannte ihn Samuel; denn, so sprach sie, ich hab ihn von dem Herrn erbeten.

Eine bewegende Geschichte. Da ist die Liebe Elkanas für seine Frau. Die triumphierende Bosheit der Zweitfrau, die Kinder gebären kann. Das ist das Leid Hannas. Sie betet intensiv im Tempel, so sehr, dass der Priester Eli schon denkt, sie sei betrunken. Er ermutigt sie, denn wer so intensiv bittet, wird erhört, meint er. Als Hanna den Tempel verlässt, ist sie verändert. Sie sieht »nicht mehr so traurig drein«. Es ist eine Erfahrung, die Frauen manchmal auch heute erzählen. Nachdem sie sich vom Kinderwunsch gelöst hatten, innerlich frei wurden, kam es zu einer Schwangerschaft. Hanna erlebt dieses Glück. Ganz bewusst aber bleibt sie bei ihrem Versprechen und bringt den kleinen Samuel zu Eli in den Tempel. Sie wird ihn weiterhin begleiten, aber Samuel wird von Eli aufgezogen und am Ende ein großer Prophet des Volkes Israel werden. Hanna bekommt noch weitere Kinder, die bei ihr bleiben. Ihr Kinderwunsch hat sich erfüllt.

Aber es gibt auch Frauen, die beten, die sich vielen, oft schmerzhaften Therapien unterziehen, alles nur Denkbare versuchen – und doch nicht schwanger werden. Das kann sehr, sehr bitter sein. Einige finden sich damit ab. Andere überlegen, ein Kind zu adoptieren oder gar eine Leihmutter zu engagieren. Letzteres halte ich für problematisch. Immer wieder ist von Adoptivkindern zu hören, die irgendwann ihre biologischen Eltern suchen. Nicht, weil es ihnen mit ihren sozialen Eltern nicht gut ginge, sondern schlicht, weil sie ihre Herkunft kennen wollen. In dem Film »Lion – Der lange Weg nach Hause« wird die Geschichte von Saroo erzählt, der durch tragische Umstände als kleines Kind in Kalkutta landet. Er wird von einem liebevollen australischen Ehepaar adoptiert, wird ein selbstbewusster junger Mann. Und doch sucht er eines Tages mithilfe von Google Earth in Indien das kleine Dorf seiner Herkunft, entdeckt es, findet seine leibliche Mutter. Der Film macht auf eine gute Weise deutlich, dass der junge Mann, der eigentlich zufrieden mit seinem Leben ist, dennoch wissen will, woher er stammt.

Wie geht es einem Kind, das nach seiner Herkunft fragt, und durch eine Samen- und eine Eizellspende entstand, von einer Leihmutter ausgetragen wurde und bei den sozialen Eltern lebt. Die Frage nach der Herkunft ist nicht wirklich zu beantworten. Ich habe Verständnis für alle, die sich ihren Kinderwunsch erfüllen wollen! Meine Töchter bedeuten mir sehr, sehr viel, und ich kann nachvollziehen, dass Frauen und Männer alles tun, um ein Kind zu bekommen. Und doch muss das Kind im Mittelpunkt stehen, das eines Tages Fragen nach der eigenen Herkunft haben wird. Was können wir verantworten?

*

Gottvertrauen, Vertrauen ins Leben – darum geht es auch, wenn wir Kinder bekommen. Die selbst ernannte Letzte Generation erklärt, das sei angesichts der Klimakatastrophe unverantwortlich. Aber das wurde schon meiner Großmutter erzählt, die nach dem Ersten Weltkrieg ihre Kinder bekam, auch meiner Mutter, die uns nach dem Zweiten Weltkrieg aufzog und schließlich mir, weil die atomare Bedrohung in den 1980er-Jahren des letzten Jahrhunderts so akut schien. Doch mit Kindern säst du eine Saat der Hoffnung. Du säst eine Saat mit aller Liebe, aller Einführung ins Leben, aller Begleitung von Aufwachsen, Sorgen, Entscheidungen. Und du kannst nur hoffen, dass die Saat, die du säst, aufgeht.

Du kannst das Vertrauen haben: Deine Kinder werden ihren Weg gehen mit den Samenkörnern, die du in sie gepflanzt hast – wie auch immer der Weg aussehen mag. Die beiden Hände, die im Bild des Künstlers Eberhard Münch so gehalten werden, als würden sie etwas empfangen wollen, greifen dieses Motiv auf. Und das angedeutete Kreuz bildet eine Brücke zu einer weiteren Dimension von Weiß: Liturgisch gesehen ist weiß die Christusfarbe, sie steht für Licht und

Auferstehung an Weihnachten, Epiphanias, in den Tagen nach Ostern und am Ewigkeitssonntag. In weißem Licht erschien den Jüngerinnen und Jüngern der Auferstandene, in weißen Gewändern haben sie ihn wahrgenommen.

Weiß steht auch für »sich ergeben«. Im März 2024 wurde ein Interview mit Papst Franziskus öffentlich. *Vatican News* berichtet davon am 10. März 2024. Darin sagt er, es müsse auch den Mut geben, die weiße Fahne zu hissen. Das sei keine Legitimation für die Stärkeren. Sondern es sei der Mut, zu verhandeln, bevor es noch mehr Opfer gibt.[17]

Natürlich wurde der Papst umgehend kritisiert. Wie kann er nur! Sich ergeben, vor der Gewalt kuschen, das ist doch keine Option! Im SPIEGEL Morning Briefing am 11. März 2024 schrieb Mathieu von Rohr die Worte des Papstes seien der Irrtum vieler Pazifisten, die das Recht auf Selbstverteidigung verleugneten. Die katholische Kirche solle gefälligst auf der Seite derer stehen, die angegriffen werden.

Interessant wie hier ein Medium, das der Kirche immer kritisch gegenübersteht, auf einmal erklärt, wie sie sich zu äußern habe und benennt, welchem »Irrtum« Pazifistinnen und Pazifisten »immer« unterliegen. Der Papst weiß genauso gut wie jeder Journalist und alle anderen, dass Putin ein Kriegsverbrecher ist und es sich beim Krieg in der Ukraine um einen völkerrechtswidrigen Angriffskrieg handelt. Aber Papst Franziskus bringt einen Vorschlag ins Spiel, der gegen den Mainstream steht. Das ist doch gut und konstruktiv! Nur so kann sich Veränderung entwickeln. Da geht es um Kreativität statt des unendlichen Mantras von Waffenlieferungen, das derart fantasielos ist, dass sich nichts bewegt, außer dass immer mehr Menschen sterben!

Sehr lustig fand ich einen Beitrag des Journalisten Jan Fleischhauer. Er ist schon lange aus der evangelischen Kirche ausgetreten, gilt aber offenbar dem Sender Welt-TV als »Kirchenexperte«. Er erklärte angesichts des Plädoyers von Papst Franziskus für das Hissen weißer Fahnen: »Jetzt ist die Käßmannisierung der katholischen Kirche abgeschlossen.«[18] Als mir jemand dieses Zitat zuschickte, musste ich laut lachen. Wenn das Martin Luther noch erleben könnte! Aber im Ernst: Dieses geifernde Abwerten des Papstes, der zum Frieden drängt, ist einfach nur peinlich. Wer, wenn nicht Kirchenvertreterinnen und -vertreter, sollte das tun? Und ich wünschte mir, Patriarch Kyrill in Russland wäre »an vorderster Front« bei den Friedensaktivisten. Journalisten aber, die die Kirche immer wieder abwerten, überhaupt keine Erfahrung mit aktuellem kirchlichem Leben und christlicher Spiritualität haben und jeden Bibelbezug vermissen lassen, sollten ein wenig Demut an den Tag legen und ein Papstwort einfach mal wirken lassen. Dass ich als überzeugte Lutheranerin das sage, hätte ich mir vor einiger Zeit auch noch nicht vorstellen können. Aber mir ist ein Papst, der zu Verhandlungen aufruft und für Waffenstillstand plädiert, wesentlich lieber und deutlich überzeugender mit Blick auf die Zukunft, als all die Politikerinnen und Politiker, die ständig neue Waffensysteme anpreisen, ohne noch irgendwelche Alternativen denken zu können.

Auch CDU-Chef Friedrich Merz hat den Aufruf des Papstes an die Ukraine zu Friedensverhandlungen mit Russland klar zurückgewiesen, so SPIEGEL *online* am selben Tag. Er halte die Aussage des katholischen Kirchenoberhaupts für »grundfalsch«, sagte Merz in Berlin. Er sei davon »überrascht gewesen, um das Mindeste zu sagen«. Die Geschichte habe gezeigt, dass auch die katholische Kirche »nicht frei von Irrtum« sei. Er sei im Gegenteil der Auffassung, es müsse alles getan werden, um der Ukraine zu helfen, diesen Krieg zu gewinnen.

*

Erstaunlich. Erst kürzlich hatte mir ein Dozent an der Bundeswehrhochschule in einer Diskussion erklärt, niemand habe je von einem Sieg der Ukraine gesprochen. Ich wollte widersprechen, hatte aber den Beleg nicht zur Hand. Wie wohl eines Tages im Rückblick diese Vehemenz der veröffentlichten Meinung eingeschätzt wird, die gar nicht in Einklang mit der öffentlichen Meinung steht? Richard David Precht führte gegenüber Markus Lanz in ihrem gemeinsamen wöchentlichen Podcast[19] aus, dass die Berichterstattung der Journalisten nicht die Mehrheitsmeinung der deutschen Bevölkerung spiegele. Das gelte etwa mit Blick auf die Lieferung von Taurus-Raketen an die Ukraine, die nur 28 Prozent der deutschen Bevölkerung befürworten, 58 Prozent aber ablehnen. Precht fragte: »Warum denken die Journalisten so anders als Olaf Scholz und die Bevölkerung?« Daraufhin erwiderte Lanz: »Wir regieren nur noch nach Umfragen. … Es ist doch nicht unser Job, auf Umfragen zu gucken!« Precht betont: »Es gibt einen großen Unterschied zwischen der öffentlichen und der veröffentlichten Meinung. Das fällt doch auch den Wählern auf …« Denselben Aspekt beleuchtet Harald Welzer, wenn er schreibt: »Zehn Prozent der Bevölkerungen in den untersuchten europäischen Ländern glauben, dass die Ukraine siegreich sein kann. 90 Prozent glauben das nicht. Das Interessante ist aber, dass sich das überhaupt nicht in die mediale und die politische Landschaft hineinreflektiert.«[20]

Für mich äußert sich da in letzter Zeit eine Arroganz der Selbstgewissheit, die keine Rückfragen mehr zulässt. In einer Demokratie aber muss doch immer gerungen werden um Lösungen, um Positionen. Und da muss es auch immer die Demut der eigenen Rückfrage geben: Ja, ich könnte mich irren. Dessen bin ich mir sehr bewusst.

Ich habe zu vielen Themen eine klare Haltung, die ich auch vertrete. Aber in meinem Leben habe ich Positionen auch schon geändert, wenn mir eingeleuchtet hat, was andere sagen, und ich dazugelernt habe. Absolut unbeirrbar auf der eigenen Meinung zu beharren, hat mindestens fundamentalistische Züge. Einem demokratischen Kurs jedenfalls entspricht absolutes Beharren jedenfalls nicht.

*

In einem Beitrag habe ich gelesen, die weiße Fahne sei auch zum Symbol von Verhandlungsbereitschaft geworden, weil Färben sehr aufwendig ist und jeder Haushalt immer ein weißes Laken zur Hand habe, auch im Kriegsfall. Das ist eine schöne Erklärung. Die weiße Fahne gilt auch als Parlamentärflagge und gehört zu den Schutzzeichen des Kriegsvölkerrechts, festgelegt im 32. Artikel der Haager Landkriegsordnung von 1899. Die Parlamentäre, die verhandeln wollen, sind durch diese Ordnung geschützt. Erst einmal geht es um das Anzeigen von Verhandlungsbereitschaft. Dass das unmittelbar mit Kapitulation gleichgesetzt wird, ist nicht zutreffend.

Allerdings steht die weiße Fahne oft symbolisch dafür, dass eine Stadt kampflos an die gegnerischen Truppen übergeben werden soll, mit der Absicht, die sinnlose Zerstörung zu vermeiden. Menschen wollen ihre Lebenschancen wahren. Es gibt Fotos von weißen Fahnen, die die deutsche Bevölkerung im Frühjahr 1945 im Rheinland aus den Fenstern hängte, als amerikanische Soldaten einmarschierten. Auch aus Breslau habe ich solche Fotos gefunden, die deutsche Parlamentäre mit weißer Fahne auf dem Weg zu Verhandlungen über die Kapitulation bei der Schlacht um Breslau am 6. Mai 1945 zeigen.

An vielen Orten in Deutschland haben Menschen am Ende des Zweiten Weltkrieges weiße Fahnen gehisst – oft nur ein Laken oder ein Betttuch – um zu signalisieren: Wir wollen nicht mehr kämpfen, wir wollen leben. Seit Jahrhunderten, schon im alten Rom, auch in China, wurde die weiße Flagge zum Zeichen. Nach der Haager Landkriegsordnung (Artikel 32) verpflichtete sie die Gegner zum Einstellen der Kampfhandlungen. Die weiße Fahne hissen bedeutet, sich zu ergeben. Dazu gibt es bewegende Geschichten. Mich hat gefreut, dass eine Friedensinitiative in der Lüneburger Heide zu Ostern 2024 ganz kreativ eine Initiative gestartet hat, bei der an Privathäusern weiße Fahnen aufgehängt wurden - mit der Bitte an die politisch Verantwortlichen, Waffenstillstand und Friedensverhandlungen zwischen Russland und der Ukraine anzustreben.

*

Weiß ist in manchen Ländern die Farbe der Trauer. Auch bei uns werden weiße Lilien oft an Trauernde geschickt. Als mein Freund Werner Simpfendörfer und seine Frau Elisabeth bei einem tragischen Autounfall ums Leben kamen, bin ich mit zwei Sträußen weißer Lilien mit zum Grab gegangen. Marga Bührig, die schweizerische Präsidentin des Ökumenischen Rates der Kirchen ging neben mir und sagte: »Das sind so schöne Blumen, eigentlich schade um sie.« Merkwürdigerweise ist mir diese kleine Szene im Gedächtnis geblieben. Ich habe die Blumen gern auf die Särge gelegt. Weiß als Zeichen der Hoffnung von Christinnen und Christen: Ihr werdet Auferstehung erfahren und nun sehen, was ihr geglaubt habt …

Für mich bleibt Weiß jedoch zuallererst die Farbe der Kinder. Möge Menschen der Wunsch nach einem Kind erfüllt werden. Mögen Eltern all die Strapazen der Kindererziehung weniger belastend erscheinen als das Glück, ein Kind aufwachsen zu sehen. Und mögen Kinder immer ein Zeichen von Zuversicht bleiben: Wir könnten ohne Hass und Gewalt zusammenleben.

PINK
Hoffnung auf Glück

Pink« als Farbe gibt es interessanterweise im deutschen Sprachgebrauch erst seit den 1980er-Jahren. Es ist schlicht der englische Begriff für Rosa, steht im Deutschen aber für nicht für ein zartes, sondern für ein grelles, knalliges Rosa. Beim Nachlesen habe ich die These gefunden, dies ginge auf »shocking pink« zurück, die Farbe der Schachtel des Parfüms »Shocking«, das von der Modedesignerin Elsa Schiaparelli im Jahr 1937 auf den Markt gebracht wurde.

Und ja, Pink knallt, aber so richtig. Im Englischen gibt es den Ausdruck: »She looks like she's in the pink«. Das steht dafür, dass eine Frau aussieht, wie das blühende Leben. Ich finde, das passt. Pink ist eben kein zartes Rosa, sondern ist knallig, lebensbejahend, fröhlich, steht für Glück.

2024 ist Pink auch durch den Film »Barbie« Oscar-verdächtig geworden. Ich habe mich bisher geweigert, ihn anzuschauen, weil ich mir nicht vorstellen kann, dass er tatsächlich eine Emanzipationsgeschichte erzählt. Aber die Bewertungen sind gut, mag es also so sein. Und ich habe Respekt vor dem hintergründigen Humor und das leise Lachen über die rosarote Geschichte, die sich offenbar im Film zeigt. Nur steht diese rosa-pinke Barbiewelt für mich eher für den Kitsch, mit dem Frauenrollen verknüpft werden. Das fängt schon damit an, dass Mädchen in Rosa gekleidet werden, Jungen in Hellblau. So werden Rollenzuschreibungen von Anfang an gesetzt. Vielleicht hatte ich deshalb immer gewisse Vorurteile gegenüber der

Farbe. Letzten Winter aber habe ich mir dennoch eine knallpinke kurze Winterjacke gekauft als Ansage gegen all das Grau und die Tristheit der Jahreszeit – Kleidungsstück und Farbe haben offenbar immer wieder eine Bedeutung für mich ;-).

*

Was aber ist Glück? Ich denke, jeder Mensch hofft im Leben darauf. Denn Glück bedeutet, dass es mir gut geht, ich mich entfalten kann, dass ich im Leben das finde, was mir wichtig ist. Für viele hängen Geld und Glück zusammen. Nicht umsonst heißt ein bekanntes Gewinnspiel »Glücksspirale«. In Hannover gibt es einen Laden, der »Kauf dich glücklich« heißt. Als ich mit meinen Töchtern dort war und anschließend eine Hose in einer Tüte mit diesem Aufdruck nach Hause trug, war mir das sehr unangenehm, ja peinlich. Andererseits gibt es das ja tatsächlich: Du kaufst dir etwas und hast so ein kleines Glücksgefühl. Oder du gewinnst etwas und freust dich riesig – wobei ich tatsächlich noch nie etwas gewonnen habe. Ist der Mensch also »seines eigenen Glückes Schmid«, Glück etwas, das ich selbst herstellen kann? Oder stimmt eher das andere Sprichwort: »Geld macht nicht glücklich«?

Der König von Bhutan hat Glück zum Staatsziel ernannt und erklärt, das Bruttonationalglück sei wichtiger als das Bruttosozialprodukt. Das klingt anregend. Denn beim internationalen Glücksmonitor sind nicht unbedingt die reichen Staaten an oberster Stelle. Hängen vielleicht eher Glück und Genügsamkeit zusammen und nicht zuallererst Glück und Wohlstand? Wobei eine Studie des Marktforschungsinstituts Yougov 2024 ergeben hat, dass sechs von zehn Deutschen sich als glücklich oder sogar sehr glücklich bezeichnen.[21] Das ist für viele überraschend, aber vor allem auch erfreulich. Deutlich wird, dass Gesundheit, Partnerschaft, Familie und genug Geld für ein schönes Zuhause als Quellen des Glücks angegeben werden. Es sind also nicht die großen Weltthemen oder großer Reichtum, die glücklich machen, sondern eher Zufriedenheit mit dem eigenen Leben, dem persönlichen Lebensumfeld, dem Rhythmus des Lebens. Wobei Glück nicht Nichtstun meint.

Das zeigt auch sehr schön das Gleichnis Jesu vom Wachsen der Saat: *Und er sprach: Mit dem Reich Gottes ist es so, wie wenn ein Mensch Samen aufs Land wirft und schläft und steht auf, Nacht und Tag; und der Same geht auf und wächst – er weiß nicht wie. Von selbst bringt die Erde Frucht, zuerst den Halm, danach die Ähre, danach den vollen Weizen in der Ähre. Wenn aber die Frucht reif ist, so schickt er alsbald die Sichel hin; denn die Ernte ist da. (Markus 4, 26–29)*

Was für ein friedvoller Bauer! In aller Ruhe wartet er das Wachsen der Saat ab. Er beschwert sich nicht, regt sich nicht auf, zeigt Gelassenheit und Geduld. Und ganz offensichtlich schläft der Mann sehr gut! Bewundernswert in einer Zeit, in der allüberall über Schlafstörungen geklagt wird. Was für ein sympathischer Mitmensch!

Anfang 2024 dominierten in der öffentlichen Wahrnehmung wütende Bauern. Das Tuten und Hupen, das ich bei den Protesten in Hannover erlebt habe, war fast unerträglich laut. Mit Treckerblockaden wurden Menschen stundenlang gehindert, ihre Ziele zu erreichen. Durch Gülle und Strohballen auf Straßen wurden Unfälle verursacht. Nun werden heutige Landwirte sagen: Der biblische Bauer hat gut reden. Der musste sich nicht mit EU-Vorschriften herumschlagen, und Agrardieselsubventionen wurden ihm auch nicht gekürzt. Natürlich gab es auch keine Agrarlobby und keinen Bauernverband. Das ist doch überhaupt nicht zu vergleichen – so ein idyllisches Landleben im alten Israel und unser Existenzkampf heute!

Und doch: Mir gefällt an diesem Bauern in der biblischen Erzählung die Ruhe, die er ausstrahlt. Er vertraut sich ganz schlicht dem Rhythmus des Lebens an. Der Same, der in die Erde geworfen wird, keimt und wächst, ganz von selbst, ohne dass der Bauer es versteht. »Die Saat geht auf – er weiß nicht wie«, heißt es im Bibeltext. Der Mann kann nicht alles ergründen und verstehen, er verzehrt sich nicht in Sorge, Überlegungen, Auseinandersetzungen. Eine Haltung von Zuversicht, von Vertrauen, ja Dankbarkeit ist zu spüren. Dieser Landwirt scheint glücklich und zufrieden.

Natürlich geht es in dem Text, der Jesus zugeschrieben wird, nicht um die Lebenshaltung eines Landwirts. Es ist ein Gleichnis. Die bildreichen Geschichten, die Markus in diesem Kapitel mit Bezug auf die Welt des ländlichen Lebens zusammenstellt, kreisen um die Frage nach dem Wachsen des Reiches Gottes. Die Grundaussage ist: Habt Vertrauen! Die Königsherrschaft Gottes wird kommen, auch wenn wir nicht begreifen, wie. Wir sehen nicht, was sich entwickelt. Aber wir können darauf vertrauen, dass Gott existiert.

Das gilt auch für uns. Ja, die Realität macht uns Angst in diesen Tagen. Aber es gibt eine Wirksamkeit Gottes in dieser Welt, auch wenn wir sie nicht greifen können und nicht wirklich ahnen, wie das geschieht. Das zu akzeptieren, fällt schwer – weil es um Vertrauen geht.

Da ist die ständige Frage: Wenn Gott existiert, wie kann er zulassen, dass es so viel Elend gibt? Oder warum kann die göttliche Kraft diese sinnlosen Kriege, all das Sterben für eine Nation, eine Stück Land, eine Ideologie nicht verhindern?

*

Wenn Jesus von der Saat Gottes spricht, die aufgehen wird, dann geht es um Gottvertrauen. Wir können die Existenz Gottes, das Wirken Gottes nicht beweisen, nur glauben, vielleicht erspüren. Am Ende bedeutet Glauben immer Vertrauen, im Lateinischen ist beides sogar mit demselben Begriff bezeichnet: *fides*. Aber es geht auch schlicht um Vertrauen ins Leben, in andere Menschen. In einer Zeit voller Ängste, voller Misstrauen ist das eine gewichtige Wegweisung. Solches Vertrauen in andere Menschen, ja auch Gottvertrauen tragen zum Glücksempfinden bei.

Im Bild des Künstlers Eberhard Münch, das den Auftakt dieses Kapitels markiert, gibt es mehrere pinke Ebenen. Eine Vielzahl farbiger Flächen und Linien, die einander überlagern, spiegelt das Leben in all seinen Facetten. Und ein schlichtes weißes Kreuz zieht inmitten all der Möglichkeiten unseren Blick auf sich. Wir fokussieren uns darauf – und entdecken auf den zweiten Blick ein weiteres, angedeutetes Kreuz, dargestellt mit schwarzen Linien. Es gibt viel zu entdecken, wenn wir uns darauf einlassen…

Nun habe ich den Bauern im Gleichnis als geradezu passiv gezeichnet. Aber seine Gelassenheit ist bei allem guten Schlaf nicht mit Schläfrigkeit zu verwechseln. Er ist aufmerksam, ein wachsamer Beobachter. Und zum richtigen Zeitpunkt, sobald er erkennt, dass Erntezeit ist, handelt er entschlossen! Solche Entschlossenheit zum Handeln zur rechten Zeit braucht unsere Kirche und braucht unsere Gesellschaft.

Beim Sämann also hängen Gelassenheit, Vertrauen, Gottvertrauen und Handlungsbereitschaft zusammen. Mir scheint das eine gute Anleitung zum Glücklichsein!

Und dabei lerne ich auch selbst immer wieder Gelassenheit und entdecke unerwartete Vorbilder. Meine Enkelkinder mögen nicht alle Märchen. Manche erscheinen ihnen zu gruselig. Aber Hans im Glück lieben alle. Hans, der nach sieben Jahren Dienst als Lohn einen großen Klumpen Gold bekommt und ihn dann tauscht, erst in ein Pferd, dann in eine Kuh, ein Schwein, eine Gans, schließlich einen Schleifstein … Das kommt so wunderbar unbedarft daher. Als Hans auch noch der Schleifstein in den Brunnen fällt, dankt er Gott mit Tränen, dass er ihn von dem schweren Stein befreit hat. Es heißt im Märchen: »›So einen glücklichen Menschen wie mich‹, rief er aus, ›gibt es keinen unter der Sonne‹ Mit leichtem Herzen und frei von aller Last ging er weiter, bis er daheim bei seiner Mutter war.«

Nach normalen Maßstäben ist Hans nicht nur unbedarft, sondern mindestens naiv, wenn nicht dumm. Er merkt nicht, dass ihn alle, die mit ihm handeln, über den Tisch ziehen. Hans denkt von jedem Menschen offenbar nur das Beste, kommt gar nicht auf die Idee, dass andere ihm schaden wollen. Und er macht aus jeder Situation das Beste, sieht nicht, was er verliert, sondern das, was er gewinnt – zuletzt die Freiheit von allem Besitz. Ein glücklicher Mensch ist Hans, das strahlt das Märchen seit Jahrhunderten aus. Ja, er ist am Ende wunschlos glücklich.

Doch ist das wirklich ein Glückszustand? Es kann doch auch wichtig sein, Wünsche und Ziele zu haben, auf etwas hinzuarbeiten. Glück ist am Ende wohl diese Zufriedenheit, die sich einstellt, wenn ich sagen kann: Es geht mir gut, da ist nichts, was mir fehlt, was ich dringend brauchen würde. Um mich herum sind liebe und vertraute Menschen. Ich kann frei leben. Da ist eine innere Ausgeglichenheit, die mir guttut. Da, wo es gefragt ist, bringe ich mich ein mit meinen Gaben, gestalte etwas, beteilige mich. In einem Gespräch mit einem befreundeten Ehepaar habe ich kürzlich gesagt: »Ich bin wirklich rundherum glücklich.« Sie meinte daraufhin, sie kenne kaum jemanden in ihrem Bekanntenkreis, der das so sagen würde. Erstaunlich, die beiden sind sehr gut situiert, und ich denke, ihr Bekanntenkreis auch. Glücklichsein ist wohl auch eine Lebenseinstellung.

Dazu passt wunderbar eine Geschichte von Henning Sußebach:

Die helle Welt des Josef Heeg

Josef Heeg war guter Dinge an dem Tag, als ihm die Sache mit den Rumänen widerfuhr. Er hatte seine alte Mutter in Aschaffenburg besucht, in einem Gasthof Spätzle mit Schmelz gegessen und dazu ein Bier getrunken. Eine gute Glücksgrundlage. Jetzt war er unterwegs nach Hause, mit seinem grauen Renault auf der Autobahn 3 in Richtung Osten. Heeg lebt in Waldbüttelbrunn in Unterfranken, Ausfahrt Helmstadt. Als Heeg abfuhr, war es schon dunkel. In der Kurve, auf dem Seitenstreifen, sah er Warnblinker aufleuchten. Ein Kleinlaster mit fremdem Kennzeichen. Es war der 22. Dezember 2013, sechs Uhr abends.

Josef Heeg, 60 Jahre alt, Sonderschullehrer in Frühpension, hätte weiterfahren können. Doch Heeg – der selten schneller fährt als hundert Stundenkilometer, weil ihn die Eile in der Welt ein wenig graust – hielt an.

Als er ausstieg, standen da drei Männer um die 50 und unterhielten sich in einer Sprache, die er nicht verstand. Heeg fragte sie auf Englisch, ob er helfen könne. Die drei Männer sagten, ihr Wagen habe einen Getriebeschaden. Sie seien Handwerker aus Rumänien, auf Rückreise von einem Job in England. Bis auf etwas Spritgeld hätten sie ihren ganzen Lohn schon nach Hause geschickt.

Josef Heeg hätte den Pannenservice rufen können. Doch Heeg – der von sich sagt, er glaube von einem Menschen stets das Beste – bat einen der drei Männer in sein Auto und fuhr zu sich nach Hause, Werkzeug holen.

Als Heeg und »John«, so nannte sich der Unbekannte, wiederkamen, war es sieben. Der Reparaturversuch schlug fehl, es wurde acht. Um neun kam dann die Polizei. In Heegs Erinnerung beschränkte sich die Hilfe der Beamten auf Beschimpfungen von »Rumänen« im Allgemeinen und deren »Schrottkisten« im Speziellen. Die Polizisten riefen einen Abschleppwagen. Heeg fragte, was mit den Männern werden solle in der Nacht, und bekam zur Antwort: Das sei deren Sache.

Josef Heeg hätte jetzt, mit Worten des Bedauerns, alleine in sein Auto steigen oder die drei zum nächsten Rasthof bringen können. Doch Heeg – der sagt, statt zu bedauern, könne man einfach mal was tun – nahm die Männer mit nach Hause.

Als Heeg in seiner Wohnung ankam, kramte er Decken aus dem Schrank, zog das Schlafsofa auseinander, wärmte Essensreste auf und öffnete ein paar Bierflaschen. Am Esstisch grübelte er mit seinen Gästen, wie diese am nächsten Morgen nach Rumänien kommen könnten. Die Reparatur des Wagens würde dauern. Also einen Flug buchen? Einen Platz im Fernbus? Oder ein gebrauchtes Auto kaufen? Heeg sprach, die Männer aus Rumänien schwiegen meist. Sie hätten Heeg auf ihren Handys jetzt Familienfotos zeigen können, taten es aber nicht.

Josef Heeg hätte sich nun Sorgen machen können, als Auftakt einer durchwachten Nacht. Doch Heeg – der in seiner Küche sein Telefon, das Portemonnaie und alle Messer hatte offen liegen lassen – dachte, die armen Kerle seien einfach müde. Und glitt in den Schlaf.

Als Heeg am nächsten Morgen aufwachte, am 23. Dezember um acht Uhr, war es totenstill in seiner Wohnung. Auf Zehenspitzen schlich er durch den Flur, um einen Blick ins Wohnzimmer zu werfen. Dort schliefen auf dem Sofa die Rumänen.

Josef Heeg hätte die Fremden wecken können. Doch Heeg – Bruder von neun Geschwistern, Vater von sieben Kindern – ging leise aus dem Haus und fuhr zum Bäcker.

Als Heeg zurück nach Hause kam, war das Sofa leer, waren die Rumänen verschwunden, allerdings nur ins Bad. Zum Frühstück gab es frische Brötchen, selbst gemachten Honig und wieder diese eine Frage: Wie kommen die Rumänen die 1700 Kilometer nach Bacău, bis hinter die Karpaten?

Josef Heeg hätte den Gedanken unterdrücken können. Doch Heeg – der sagt, die europäische Idee müsse man leben – sprach seinen Gedanken einfach aus: »Ich leihe euch mein Auto.«

Als »John« ihm seine Adresse aufschrieb, sah Heeg nicht hin, ließ sich auch keine Pässe zeigen. Er sagte, dass der Tank voll sei und er sein Auto gern am 10. Januar des nächsten Jahres wiederhaben würde. Da fragte »John«: Was sollen wir machen, wenn wir an der Grenze in einem Auto kontrolliert werden, das nicht uns gehört?

Josef Heeg hätte jetzt noch Abstand nehmen können von der europäischen Idee und all seinen Idealen. Doch Heeg – der daran glaubt, dass Chancen Risiken meist überwiegen – gab »John« seinen Fahrzeugschein.

Als die Rumänen am 23. Dezember um elf Uhr Waldbüttelbrunn verließen und Heeg seinen grauen Renault ein letztes Mal um die Straßenecke biegen sah, dauerte es nicht lange, bis ein großes Geraune seinen Heimatort erfüllte: Papa! Josef! Jupp! Das Auto siehst du nie wieder! Der Heeg, der spinnt! Heeg macht keinen Hehl daraus, dass er manisch-depressiv ist. Mit den Ärzten der Uni-Klinik Freiburg habe er die Krankheit aber in den Griff bekommen, sagt er. Seine Gefühlsschwankungen fallen seitdem nicht mehr so heftig aus. In depressiven Phasen ist er müde. In manischen Momenten sieht er die Welt ein wenig heller, als sie wirklich ist.

Josef Heeg hätte sich nun tagein, tagaus mit dem Gedanken martern können, aus einer Laune heraus sein Auto verschenkt zu haben. Doch Heeg – der seinem Umfeld genauso Diagnosen ausstellt wie es ihm –

hielt sich fest an seinem Eindruck, dass die meisten Menschen die Welt ein wenig dunkler sehen, als sie wirklich ist.

Als Heeg am 10. Januar in seinem kleinen Garten auf der Leiter stand und einen Apfelbaum beschnitt, sah er durch das Geäst plötzlich seinen grauen Renault um die Ecke biegen. Hinter der Windschutzscheibe winkend: »John«. Es war zehn Uhr, das Auto vollgetankt und frisch gewaschen. Josef Heeg sagt heute, da sei er doch überrascht gewesen: Er hatte mit der Rückkehr seines Wagens erst gegen Nachmittag gerechnet.[22]

Auch diese Geschichte mag ich sehr gern. Josef Heeg sieht manches heller. Es ist für die Erzählung auch gar nicht wichtig, ob er manisch-depressiv ist. Josef Heeg hat wie Hans im Glück einen unbedarfteren Blick auf Menschen als viele andere mit ihren Vorbehalten und Vorurteilen. In der Geschichte kommt immer wieder dieses »hätte« – ja, er hätte noch allen Vorurteilen folgen können, auf Sicherheit setzen, der Angst Raum geben können. Aber er macht es nicht. Er hat Vertrauen in die Menschen, eine gewisse innere Gelassenheit und handelt zur rechten Zeit. Ein glücklicher Mensch!

*

Für mich gehört zum Glücklichsein neben Familie und Freundschaft, dass ich in meinem Glauben verwurzelt bin, die biblischen Verheißungen kenne, Tradition und Gottvertrauen mich tragen.

Wenn das so ist, bin ich »in the pink«.

LILA / VIOLETT
Hoffnung auf Gott und Veränderung

Die 2003 verstorbene Theologin Dorothee Sölle war eine Provokation für unsere Kirche, für viele andere war sie eine Prophetin. Auf dem Kölner Kirchentag 1969 hielt sie einen Vortrag, in dem sie forderte, die »Papa wird's schon richten«-Haltung der Christen müsse ein Ende haben. Der Gott, an den die Glaubenden einfach die Verantwortung für ihr Leben delegierten, sei tot. Es gab einen Aufschrei der Entrüstung.

Dorothee Sölles Rede vom Tod Gottes ist aber etwas anderes als die von Friedrich Nietzsche. Der Philosoph zielte auf die Entwicklung zu einem Menschen, der sich weder durch Mitgefühl noch durch ethische Abwägungen vom Willen zur Macht ablenken lasse. All das, so Nietzsche, sei Sklavenmoral. Dorothee Sölle dagegen appellierte an die Christen, die Verantwortung für die Welt nicht an Gott zu delegieren, sondern sie selbst wahrzunehmen. Die Prophetenworte und die Wegweisungen Jesu sollten in konkretes Handeln für diese Welt umgewandelt werden.

Ich denke, heute können wir für unsere Gesellschaft sagen, dass sie Gott zwar nicht töten, aber schlicht ins Abseits drängen will. Gott hat scheinbar nichts mehr zu sagen in einer säkularen Gesellschaft. Und so etwas wie eine Auferstehung wollen Wissenschaftler am liebsten selbst erzeugen, etwa durch künstliche Intelligenz, die unsere Hirnströme in Clouds konserviert. In den USA ist das ein milliardenschweres Geschäft.

Da will der deutsch-US-amerikanische Milliardär Peter Thiel seinen Körper einfrieren lassen. Später soll er wieder aufgetaut werden, sobald die Wissenschaft den Tod besiegt hat. Der amerikanische Multimillionär Bryan Johnson lässt online die Menschen daran teilhaben, wie er jedes Jahr zwei Millionen Dollar dafür verwendet, sein Leben zu verlängern: durch Sport, Kalorienkontrolle und 111 (!) Pillen, die er am Tag schluckt. Er sieht den Tod als technisches Problem, das sich lösen lässt. Solche Menschen spiegeln eine Haltung: Wir brauchen Gott nicht. Gott muss uns keine Boten schicken. Wir wollen auch nicht irgendeiner Instanz rechenschaftspflichtig sein für unser Handeln und Unterlassen. Wir sind reich genug, um ewiges Leben für uns selbst herzustellen.

Mir persönlich scheint das kein Rezept für Glücklichsein …

Ich selbst hoffe durchaus auf Gott. Nicht, dass »Papa« es richten soll. Aber dass Gott präsent ist, uns Kraft schenkt, den Herausforderungen des Lebens zu begegnen. Und das ist keine unzulässige Hoffnung, wie die Geschichten der Bibel erzählen.

*

Mich berührt immer wieder der Text im Matthäusevangelium (26, 36 ff.) über das Ringen von Jesus im Garten Gethsemane:

Da kam Jesus mit ihnen zu einem Garten, der hieß Gethsemane, und sprach zu den Jüngern: Setzt euch hierher, solange ich dorthin gehe und bete. Und er nahm mit sich Petrus und die zwei Söhne des Zebedäus und fing an zu trauern und zu zagen. Da sprach Jesus zu ihnen: Meine Seele ist betrübt bis an den Tod; bleibt hier und wachet mit mir! Und er ging ein wenig weiter, fiel nieder auf sein Angesicht und betete und sprach: Mein Vater, ist's möglich, so gehe dieser Kelch an mir vorüber; doch nicht, wie ich will, sondern wie du willst! Und er kam zu seinen Jüngern und fand sie schlafend und sprach zu Petrus: Konntet ihr denn nicht eine Stunde mit mir wachen? Wachet und betet, dass ihr nicht in Anfechtung fallt! Der Geist ist willig; aber das Fleisch ist schwach. Zum zweiten Mal ging er wieder hin, betete und sprach: Mein Vater, ist's nicht möglich, dass dieser Kelch vorübergehe, ohne dass ich ihn trinke, so geschehe dein Wille! Und er kam und fand sie abermals schlafend, und ihre Augen waren voller Schlaf. Und er ließ sie und ging wieder hin und betete zum dritten Mal und redete abermals dieselben Worte. Dann kam er zu den Jüngern und sprach zu ihnen: Ach, wollt ihr weiterschlafen und ruhen? Siehe, die Stunde ist da, dass der Menschensohn in die Hände der Sünder überantwortet wird. Steht auf, lasst uns gehen! Siehe, er ist da, der mich verrät.

Und als er noch redete, siehe, da kam Judas, einer von den Zwölfen, und mit ihm eine große Schar mit Schwertern und mit Stangen, von den Hohenpriestern und Ältesten des Volkes. Und der Verräter hatte ihnen ein Zeichen genannt und gesagt: Welchen ich küssen werde, der ist's; den ergreift. Und alsbald trat er zu Jesus und sprach: Sei gegrüßt, Rabbi!, und küsste ihn. Jesus aber sprach zu ihm: Mein Freund, dazu bist du gekommen? Da traten sie heran und legten Hand an Jesus und ergriffen ihn. Und siehe, einer von denen, die bei Jesus waren, streckte die Hand aus und zog sein Schwert und schlug nach dem Knecht des Hohenpriesters und hieb ihm ein Ohr ab. Da sprach Jesus zu ihm: Stecke dein Schwert an seinen Ort! Denn wer das Schwert nimmt, der wird durchs Schwert umkommen. Oder meinst du, ich könnte meinen Vater nicht bitten, und er würde mir sogleich mehr als zwölf Legionen Engel schicken? Wie würde dann aber die Schrift erfüllt, dass es so geschehen muss? Zu der Stunde sprach Jesus zu der Schar: Ihr seid ausgezogen wie gegen einen Räuber mit Schwertern und mit Stangen, mich gefangen zu nehmen? Habe ich doch täglich im Tempel gesessen und gelehrt, und ihr habt mich nicht ergriffen. Aber das ist alles geschehen, auf dass erfüllt würden die Schriften der Propheten. Da verließen ihn alle Jünger und flohen.

Es ist ein erschütternder Text über Verzweiflung, Verlassenheit und Verrat. Ich habe ihn einmal für ein Hörbuch eingelesen und gemerkt, wie nahe mir die Geschichte geht, die vor nun schon rund zwei Jahrtausenden aufgeschrieben wurde. Mir ist wichtig daran, dass Jesus nicht als strahlender Held in den Tod geht. Nein, er trauert, ist verzagt. Er hofft auf Gott, er ringt mit Gott, denn so jung will er nicht sterben! So wie wir manchmal hoffen und ringen, Gott möge eingreifen, uns oder andere von Leid verschonen. Jesus zeigt: Das ist absolut zulässig für glaubende Menschen. Du schreist nach Gott in der Not: »Gott!« »Allah!«, »Adonaj« – Herr hilf, Mutter hilf, komm doch du Geisteskraft! Manches Mal sehen wir das unmittelbar vor uns, wenn tief verzweifelte Menschen schreien. Und ich kann es nachvollziehen. »Himmel hilf!« – da muss doch eine höhere Macht einschreiten! Mir geht das oft so, wenn ich mich hilflos fühle, etwa angesichts der grauenvollen Bilder von Terror, Krieg und Elend in der Welt. Wenn ich die Hoffnungslosigkeit wahrnehme in den Gesichtern der Kinder. Was für ein Leid, welches Grauen, welche sinnlose Gewalt. Und ich kann nichts tun.

Das Thema begleitet mich mein ganzes Leben, das geht wahrscheinlich jedem Christenmenschen, ja jedem gläubigen Menschen so. Jesus versucht in seiner verzweifelten Lage noch, zu argumentieren. Er spricht mit Gott: Der Kelch könnte doch an ihm vorübergehen. Dann wendet er sich an seine Freunde: Wie könnt ihr jetzt schlafen in dieser dramatischen Situation! Er begrüßt Judas, als er auf ihn zukommt wie einen Freund, wohl wissend, dass er ein Verräter ist. Dem Jünger, der ihn mit Gewalt vor der Verhaftung schützen will, sagt Jesus: Das bringt nichts, lass es, Eskalation ist nicht angesagt. Und schließlich redet er direkt mit denen, die ihn verhaften: Ihr behandelt mich wie einen Verbrecher, was hab' ich euch denn getan? Am Ende ist Jesus absolut verlassen, seine Freunde rennen weg. Ja, selbst Petrus wird bald schon leugnen, ihn überhaupt gekannt zu haben. Warum beschreibt die Bibel das so knallhart? Der Erzähler könnte doch alles ein wenig beschönigen: Die Jünger bleiben bei Jesus, ganz wacker. Er sieht heroisch dem Sterben ohne jedes Zaudern entgegen. Stattdessen sagt er »Meine Seele ist betrübt bis in den Tod«. Über all die Veränderungen der Welt hinweg sind die Enttäuschung, seine Fragen, ja die Angst spürbar. Warum sollte Jesus sterben müssen? Er hat wahrhaftig nichts verbrochen!

Es sind Textstellen wie diese, die mir den christlichen Glauben immer wieder nahebringen. Weil die Evangelien diese Abgründe, in die Menschen geraten, ihre Ängste, ihr Versagen nicht leugnen. Jesus reitet nicht auf dem hohen Ross mit einem Schwert in der Hand in Jerusalem ein, sondern er kommt barfuß daher auf einem Esel, völlig unbewaffnet. Er steht für ein Männerbild, das Machotypen verachten: sanftmütig, verständnisvoll. Ein Männerbild aber, das viele Frauen anspricht. Unsere Kirchen haben das leider selten in der Geschichte gespiegelt. Wenn ich sehe, wie viel Pomp und Gehabe manches Mal veranstaltet wird, dann graust es mir. Im Mittelalter musste vor dem Papst niedergekniet und sein Ring geküsst werden – denn er galt als Stellvertreter Christi auf Erden! Da halte ich es mit Martin Luther, der sagte: Wenn Jesus Christus mitten unter uns ist, brauchen wir keinen Stellvertreter auf Erden.

Aber auch als Evangelische muss ich festhalten, wie groß die Gefahr ist, selbstgenügsam, wenig achtsam zu sein. Der FORUM-Bericht 2024 über sexuellen Missbrauch in der evangelischen Kirche hat von der

Hybris gesprochen, die vermeintlich »bessere« Kirche zu sein, weil viele von uns meinten, es sei das Zölibat, das sexuellen Missbrauch in der katholischen Kirche möglich gemacht hätte. Auch in meiner Kirche gab und gibt es offensichtlich »Täter schützende Strukturen«, Pfarrer also – und der Leiter der Studie, Herr Waslawik hat klar gesagt, hier müsse nicht gegendert werden – Männer, die ihre Machtstellung, die Aura des Herrn Pastors, nutzten, um Kinder und Jugendliche zu missbrauchen, ohne dass sie dafür zur Rechenschaft gezogen wurden.

Unsere Kirchen brauchen jetzt Entschlossenheit zum Bekennen der eigenen Schuld. Schuld durch Missachten der Opfer sowie Vertuschung. Entschlossenheit zum tatkräftigen, überzeugenden Handeln durch Maßstäbe für die Prävention in der Zukunft sind dringend notwendig! Wenn in einer Kirche Kindesmissbrauch stattfindet und noch vertuscht wird, ist das mehr als ein Skandal! Es ist ein Verrat an all dem, von dem Jesus spricht. *Was ihr einem von diesen meinen geringsten Brüdern angetan habt, habt ihr mir angetan.* (Matthäus 25, 40) Es ist ein Verrat an Vertrauen, an der Würde jedes Menschen als Gottes Ebenbild. Mit jedem missbrauchten Kind wird Gott selbst geschändet. Deshalb muss aufgearbeitet werden, was an Schuld auf sich geladen wurde. Die Opfer müssen gehört werden. Es muss glasklare Regeln zum Umgang mit Tätern geben. Und eine offene Wachsamkeit für die Kinder und Jugendlichen, die vor sexuellen Übergriffen zu schützen sind. Jetzt ist die Zeit zu handeln, allerspätestens jetzt.

Am 22. März 2024 war ich zu Gast in der Fernsehsendung *Nachtcafé.* Es ging um die Frage, ob die Kirche noch zeitgemäß sei. Einer der Gäste war Detlev Zander. Er wurde als kleines Kind in einem evangelischen Kinderheim in Korntal schwer misshandelt und massiv sexuell missbraucht. Die Folge war, dass er in seinem Leben keine Liebesbeziehung leben konnte und zweimal versucht hat, sich das Leben zu nehmen. Mich hat tief bewegt, was er erzählte. Dass ein Kind derart schutzlos ausgeliefert war, ist grauenvoll. Dass das in einer evangelischen Einrichtung möglich war, treibt mir den Zorn und die Schamröte ins Gesicht. Am Ende der Sendung sagte Detlev Zander, er sei noch Mitglied der Kirche, weil er da eine Aufgabe sehe. Er trägt dazu bei, das Geschehene aufzuarbeiten, Prävention und Schutzkonzepte zu installieren, die Opfer zu hören. Nach aller Demütigung und Gewalt, die er erlebt hat, nehme ich das als große innere Kraft wahr.

*

Liturgisch steht Lila bzw. Violett für Übergang und Verwandlung. Deshalb dominiert die Farbe in den Bußzeiten vor Ostern und im Advent. Das halte ich für passend. Bußzeiten sollen ja nicht Zeiten der Selbstzüchtigung sein, wie man früher meinte. Buße, griechisch *metanoia,* meint Umkehr, Veränderung. Die Zeiten vor den großen Festen an Weihnachten und Ostern waren deshalb traditionell Fastenzeiten. Und auch das meint nicht negativ konnotierten Verzicht, sondern eine Zeit der Besinnung, in der ich etwas ändere, um freier, anders denken zu können. Im Bild von Eberhard Münch sehen wir beides: Übergang und Verwandlung. Die Nacht, das Licht; das Brüchige und die Spuren der Liebe.

Die Hoffnung auf Gott kann ein Stoßseufzer sein: »Ich wünschte, Gott, du kämst und würdest alles zum Guten wenden.« Wenn wir ehrlich mit uns sind, wissen wir, dass es nicht so kommt. Die Menschen müssen denken und handeln, um etwas zu verändern. Manchmal fühlen wir uns dabei hilflos. Aber Violett ist für mich wie eine Aufforderung, Gottes Präsenz in dieser Welt weiterzusagen.

Die Menschen haben längst Ersatzgötter geschaffen, und seien es sie selbst als Influencerinnen, Ratgeber, Leute, die anderen ihre Lebensweisheiten aufdrängen. Eine erfolgreiche Autorin, über die ich kürzlich in einer Bahnhofsbuchhandlung »gestolpert« bin, ist Brianne Wiest. Sie schreibt Bestseller wie etwa »101 Essays, die dein Leben verändern werden«. Es geht um Selbstoptimierung und um eine diffuse Art von Spiritualität. In einem Beitrag zu einem ihrer Bücher schreibt Marlene Knobloch: »Wie Wiest schreibt und wie sie rezipiert wird, hat etwas Ersatz-Religiöses, wirrer Bibel-Sound trifft meditierhungrige Masse, und leise fragt man sich, ob das so eine gute Idee war, Gott abzuschaffen, seitdem glauben die Leute wirklich an alles Mögliche, vor allem leider an sich selbst.«[23] Ich musste ein wenig schmunzeln, als ich das las. Der Kommentar trifft einen Kern. Mit der Abschaffung Gottes durch die säkularisierte Welt ist der Mensch ganz auf sich geworfen und hält sich nun zur Orientierung an Menschen wie Frau Wiest, die ihnen die »Truth about everything«, die Wahrheit über alles, aus ihrer ganz individuellen Sicht erläutern.

*

Violett, Umkehr, Buße, Fasten – das macht Sinn, wenn ich auf Gott hoffe. Weil ich dann zur Besinnung komme. Mit der Einführung als Landesbischöfin wurde mir von meinem Vorgänger im Amt am 4. September 1999 das Amtskreuz des Hannoverschen Landesbischofs umgelegt: Ein großes goldenes Kreuz mit fünf violetten Amethysten. Das gibt es auch noch in kleinem Format für Männer mit dem Lutherrock, als Frau habe ich geschaut, wozu es passte. Eigentlich mag ich keine großen Schmuckstücke. Aber mit diesem Kreuz habe ich mich von Anfang angefreundet. Irgendwann wurde ich gefragt, ob es eigens für mich gemacht worden sei wegen der lila Steine, um irgendeine feministische Haltung auszudrücken. Obwohl es zur Zeit seiner Anfertigung noch nicht einmal einen Gedanken an eine Frau im bischöflichen Amt gab, hat das Kreuz für mich etwas Inklusives, ja fast Feminines. Und ich finde, es ist das schönste Bischofskreuz unter allen Landeskirchen der Evangelischen Kirche in Deutschland, weil dieses Violett der Amethyste so dominant ist. Andererseits sagte mir der Sohn eines meiner Vorgänger, er fremdle geradezu damit, dass ich nun das Kreuz seines Vaters trage, das passe nach seinem Gefühl nicht zu einer Frau. So unterschiedlich können Wahrnehmungen sein…

Inzwischen trägt mein Nachfolger das Kreuz, und das ist gut so. Ämter sind Verantwortung auf Zeit. Dieses weitergegebene Kreuz ist ein Symbol dafür, und ich habe es in den knapp elf Jahren im Amt oft und gern getragen. Es ist übrigens nicht geklärt, wer das Kreuz hergestellt hat, es wurde auf jeden Fall für den ersten hannoverschen Landesbischof August Marahrens entworfen. Dazu korrespondiert, dass in das Dienstsiegel des hannoverschen Landesbischofs bzw. der Landesbischöfin eingeprägt ist: »1. Kor 2,2«. Die entsprechende Bibelstelle im zweiten Korintherbrief lautet: *Denn ich hielt es für richtig, unter euch nichts zu wissen als allein Jesus Christus, den Gekreuzigten.* Das ist für meinen Glauben entscheidend, durch das Kreuz werden wir erkennbar als Christen.

Um die Gemeinschaft der Ordinierten zu stärken, habe ich als Landesbischöfin angeregt, dass mit dem Jahr 2009 jedem Pastor und jeder Pastorin, die in der hannoverschen Landeskirche ordiniert werden, ein kleines Ansteckkreuz mit violettem Stein zur Ordination geschenkt wird, um die Verbundenheit untereinander auszudrücken. Die bayerische Landeskirche hatte das eingeführt, und mir sagte die Idee ebenfalls zu. Pastorinnen und Pastoren erleben in ihrem Amt durchaus auch Einsamkeit. In einem guten kollegialen Miteinander können sie sich gegenseitig stärken. Das gelingt gewiss nicht immer, aber doch oft.

Solche Verbundenheit mit anderen, die glauben, wie ich glaube, handeln wollen, wie ich handle, habe ich mit vielen anderen bei Deutschen Evangelischen Kirchentagen immer wieder erlebt. 1979 war ich zum ersten Mal in Nürnberg als Studentin auf einem Kirchentag dabei, später als Moderatorin, dann als Generalsekretärin und anschließend als »Bibelarbeiterin«. Mehr als vierzig Jahre habe ich an jedem evangelischen Kirchentag teilgenommen und das als Kraftquelle der Gemeinschaft erlebt.

Zurück zu 1983: Der Nato-Doppelbeschluss, der für den Herbst diesen Jahres eine Stationierung von Pershing II-Raketen inklusive landgestützter Marschflugkörper in der Bundesrepublik vorsah, trieb Christinnen und Christen im Land um. Lila Tücher mit dem Kirchentagsmotto »Umkehr zum Leben« und zusätzlich der Aufschrift »Die Zeit ist da für ein Nein ohne jedes Ja zu Massenvernichtungswaffen« wurden zum Symbol der kirchlichen Friedensbewegung. Ich erinnere mich, dass Erhard Eppler, Kirchentagspräsident 1983, dazu aufforderte, die Tücher zumindest nicht im Schlussgottesdienst zu tragen. Denn der Gottesdienst sollte doch frei sein von politischen Statements. Wie viele andere hatte ich das kleine Tuch diskret dabei. Nach und nach – so erinnere ich es – holte einer nach der anderen das Tuch hervor. Am Ende waren die Zuschauerränge des gesamten Niedersachsenstadions, in dem der Gottesdienst gefeiert wurde, in lila Farbe getaucht. 95 000 Menschen setzten im Stadion und auf der benachbarten Wiese, auf der diejenigen teilnahmen, die in der Arena keinen Platz mehr gefunden hatten, gemeinsam ein Zeichen.

Diese Erfahrung war ein gutes Gefühl von Gemeinschaft, von geteiltem Engagement für den Frieden. Ich habe noch das Originaltuch von damals. Viele Jahre später habe ich es auf Anfrage für eine Ausstellung über Symbole der Kirchentagsbewegung an das Hygienemuseum in Dresden ausgeliehen. Eine Zeit lang dachte ich, das Erinnerungsstück sei verschollen, bis ich beim Aufräumen alter Akten im Keller unseres Ferienhäuschens auf Usedom einen Aktenordner öffnete, aus dem es herausfiel: Rücksendung mit Dank aus dem Hygienemuseum. In Hannover habe ich es in meiner Wohnung der Nachbildung einer Martin-Luther-Statue des Künstlers Ottmar Hörl um den Hals gehängt, die mir das Magazin *Chrismon* geschenkt hat. Martin Luther war gewiss kein Pazifist. Aber ich finde, das lila Halstuch steht ihm gut. Und als ich eine Rede zum Auftakt des Ostermarsches in Hannover am Karsamstag 2023 hielt, schenkte eine Teilnehmerin mir eine Nachbildung dieses Tuches. So hängt es jetzt auch im Familienferienhaus auf Usedom.

*

Die Bemerkung zu Violett als Farbe der Frauenbewegung hatte mit Blick auf das hannoversche Bischofskreuz durchaus ihre Berechtigung. Für den Zusammenhang habe ich alle möglichen Erklärungen gefunden. Angeblich galt Lila schon im antiken Griechenland als Farbe der Frauenliebe, der Freiheit und Unabhängigkeit. Die Suffragetten trugen bei ihren Demonstrationen zur Forderung des Wahlrechts lila Schärpen. An anderer Stelle heißt es, als Mischung aus weiblichem Rosa und männlichem Hellblau, sei Violett ein Symbol für die Gleichstellung der Geschlechter. Auf jeden Fall wurde Lila zur Symbolfarbe der Frauenbewegung. Die ersten Plakate zum Internationalen Frauentag spiegelten das. Und die feministische Bewegung der 1970er-Jahre machte Lila zum Markenzeichen. Es gab den »lila Laden«, lila Matinéen und auch das verächtliche Feindbild der »Weiber in lila Latzhosen«. Es stand auch dafür, dass Frauen, die für Gleichberechtigung der Geschlechter eintreten, absolut unattraktiv seien – oder auch sein wollten. Ich erinnere mich noch an den Spruch: »Lila schützt vor Schwangerschaft«. Boshaft!

Vielleicht gibt es in der Frauenbewegung ja eine gewisse Hoffnung auf Gott, auch wenn Frauenrechte von vielen Menschen nun nicht gerade mit der Kirche in Verbindung gebracht werden. Die Frauenbewegung hat die Kirche in jedem Fall beeinflusst, auch wenn manche das nicht gern hören, lesen oder sehen wollen. Aber wie soll es anders sein? Natürlich verändert sich die Kirche mit dem Kontext, in dem sie existiert!

Etliche Landeskirchen haben in den letzten Jahren an die Einführung der Frauenordination erinnert, die sich jeweils zum 50. Mal jährte – in Schaumburg-Lippe wird das allerdings erst 2041 der Fall sein. In einer Studie[24] wurde jüngst aufgezeigt, wie innerkirchliche Debatte und gesellschaftliche Veränderungen miteinander verknüpft waren – und es immer noch sind. Das Ringen um die eigenständige, anerkannte Erwerbstätigkeit von Frauen Ende des 19. Jahrhunderts stand in Spannung zu den Weiblichkeitsvorstellungen von der sorgenden Mutter zu Hause. Deutlich wird mit Blick auf die Entwicklungen auch: Ohne das Drängen der Frauenbewegung auf eine Öffnung der Universitäten für weibliche Studierende hätte es keine Theologiestudentinnen gegeben. Oft waren es Wellenbewegungen. So wurde in der Weimarer Republik der Zugang für Frauen zum öffentlichen Dienst erleichtert, dann von den Nationalsozialisten, deren Frauenbild von der Mutterrolle geprägt war, wieder zurückgedrängt. Während des Zweiten Weltkriegs übernahmen Frauen in den Kirchen pfarramtliche Aufgaben, weil Pfarrstellen durch Kriegsdienstleistende verwaist waren. In der zweiten Hälfte des 20. Jahrhunderts aber veränderte sich die Lage schrittweise bis dahin, dass es heute im öffentlichen Dienst grundsätzlich keine geschlechtsspezifischen Unterschiede mehr gibt.

Bei alldem wird klar, wie sehr sich die Entwicklung innerhalb der evangelischen Landeskirchen parallel zur öffentlichen Auseinandersetzung um die Rolle der Frau bewegt hat. Das gilt auch für die »Zölibatsklausel«, die es in den protestantischen Kirchen bis in die 1980er-Jahre gab – mit der Heirat mussten Frauen ihre Ordinationsrechte zurückgeben so wie Beamtinnen ihren Beamtenstatus. Eine nachvollziehbare theologische Begründung dafür ist mir nie begegnet.

All diese Entwicklungen beschreibt die oben erwähnte Studie über die Frauenordination. Besonders interessant ist aus meiner Sicht ein Beitrag, der zeigt, wie stark das Bild der Frau als »Zivilisationshüterin« ihre Rolle als Pfarrfrau geprägt hat und wie sehr es sich als Bremsfunktion mit Blick auf den eigenständigen Zugang zum Pfarramt auswirkte. Im Studienband heißt es: »Zu vermuten ist, dass die Hypothek, selbst ›Zivilisationshüterin‹ und gleichzeitig Amtsträgerin sein zu müssen, auf Pfarrerinnen besonders lastete.«[25] Ein interessanter Aspekt, der mich bewegt hat, weil ich diesen Konflikt in der Zeit der ersten Pfarrstelle hautnah erlebt habe. Ich war die »Frau Pfarrer«. So war die Frau unseres Vorgängers auch bezeichnet worden. Dass ich nicht einfach Frau des Pfarrers, sondern selbst Pfarrerin war, das war für die Gemeinde ein Lernprozess. Für mich war es eine Herausforderung, beides gleichzeitig zu sein und meine ganz eigene Rolle zu finden.

Durch die genannte Studie wird auch nachvollziehbar, wie Frauen wie Dorothee Sölle oder auch Elisabeth Moltmann-Wendel als Exegetinnen neue Perspektiven in die theologischen Debatten einbrachten. Mit der veränderten gesellschaftlichen Sicht auf die Rolle der Frau wurde Frauen überhaupt erst ermöglicht, Exegese zu betreiben. Dadurch setzte sich ein Schriftverständnis durch, das die Ordnungskategorien überwand und geschlechtsbedingte Statusunterschiede als »zeitbedingte Einzelgebote relativierte«[26]. Deutlich wird auch, dass biblische Hermeneutik, also die Schriftauslegung aus weiblicher Perspektive, die Theologie und das Berufsbild der Pfarrerin verändert haben.

War es also theologische Überzeugung, die den Weg zur Frauenordination ebnete oder gesellschaftliche Entwicklung? Letzteres würde denjenigen als Argument dienen, die wie der russisch-orthodoxe Patriarch Kyrill die Frauenordination als Anpassung an den »westlichen Zeitgeist« sehen. Andererseits ist denkbar, dass die theologischen Erkenntnisse zur Gleichstellung der Frau schlicht noch nicht gesellschaftlich durchsetzbar waren, als diese Aspekte bereits in den Kirchen thematisiert wurden. Denn Theologie sollte, ja konnte nicht abseits vom gesellschaftlichen Kontext betrieben werden.

Mir macht es immer wieder Freude, die biblischen Texte mit unserer Lebenswirklichkeit in Verbindung zu bringen. Wenn das gut gelingt, eine Predigt die Zuhörenden ins Mitdenken hineinnimmt, bin ich als Predigerin zufrieden. Aber dafür müssen wir gemeinsame Texte kennen und teilen. Und die Kenntnisse nehmen leider ab. Uns fehlen die Narrative! Das beschreibt der Philosoph Byung-Chul Han so: »Die christliche Religion ist eine Metaerzählung, die jeden Winkel des Lebens erfasst und es im Sein verankert. Die Zeit selbst wird narrativ aufgeladen.«[27]

*

Ein letzter Gedanke zur Farbe dieses Kapitels: »Die Farbe Lila«, ein Roman von Alice Walker hat mich vor nun schon vierzig Jahren sehr bewegt. Es geht um Celie eine Afroamerikanerin, die in Georgia aufwächst. Sie wird mehrfach von ihrem Vater vergewaltigt. Die Kinder, die sie zur Welt bringt, gibt er weg; sie wird in eine brutale Ehe gezwungen. Als ihr Mann seine Geliebte ins Haus holt, entfaltet sich zwischen Celie und ihr erstaunlicherweise eine liebevolle Beziehung, in der die Geliebte Celie fördert und ermutigt. Am Ende geht Celie ihren eigenen Weg.

2023 wurde *Die Farbe Lila* ein zweites Mal verfilmt. Regisseur Blitz Bazawule hat seinen Film auf der Grundlage des gleichnamigen Broadway-Musicals inszeniert; eine der Produzentinnen war Oprah Winfrey. Als ich davon las, habe ich spontan meine Freundin Astrid gebeten, mit mir ins Kino zu gehen. Der Film ist gut gemacht. Aber die Musical-Elemente, die jetzt eingefügt sind, weichen nach meinem Empfinden die Brutalität der Geschichte auf, die auf diese Weise allzu locker daherkommt.

Celie hat allen Grund, verzweifelt zu sein, nach Gott zu schreien – und ihre Hoffnung auf Gott zu verlieren. Das Singen und Tanzen scheint mir das zu relativieren. Es gibt keine Leichtigkeit bei einem solchen Schicksal. Oder ist das von mir zu eng gedacht? Lässt sich vielleicht die Brutalität und Gewalt, die Celie ertragen muss, nur mit Musik überleben?

Das Lila im Titelmotiv des Buches steht jedenfalls für die Hoffnung auf Veränderung, auf Neuanfang. Aber auf jeden Fall steht die Farbe, die synonym für »Violett« benutzt wird, für mich im positiven Sinn für Veränderung in der Welt, auch für Veränderung in meiner Kirche. Sie leuchtet geradezu trotzig für die Hoffnung auf Gottes Präsenz mitten in einer Welt, die oft gottlos und verloren erscheint.

SILBER
Hoffnung auf Gesundheit

Inzwischen bin ich 66 Jahre alt und gehöre definitiv zu den »Silveragern«. Das ist für mich ein positiver Begriff. Noch lasse ich mir zwar Strähnen in das grauer werdende Haar färben. Mein Friseur meint, das es sei besser, weil es zu viele unterschiedliche Töne sind: hier schon grau, da noch dunkel, an einigen Stellen schon weiß. So schimmern Silber und Weiß hier und da durch die dunklen Strähnen. Aber wenn es irgendwann mal ein durchgehendes schönes, silbernes Grau ist, dann kann das so bleiben. Da habe ich gar nichts dagegen.

Zu Geburtstagen oder wenn mir jemand Gutes wünschen will, höre ich immer öfter: »Hauptsache gesund!« Einerseits denke ich dann: Ja, stimmt! Gesundheit ist ein hohes Gut. Im Älterwerden steht mir die Fragilität des Lebens immer deutlicher vor Augen. Als ich beim »Kölner Treff« dem aus der Serie *Tatort* bekannten Schauspieler Harald Krassnitzer begegnet bin, haben wir darüber gesprochen, dass wir inzwischen ganz bewusst die Sommerzeit erleben. Wir sind in einem ähnlichen Alter und wissen nicht, wie viele Sommer uns noch geschenkt werden. 2023 habe ich das zum ersten Mal intensiv empfunden. Ich habe mich so sehr auf den Sommer gefreut, auf das Schwimmen in der Ostsee, im Altwarmbüchener See, im Döllnsee, in dem ganz kleinen See hinter der Kirche im Dorf einer meiner Töchter, in den ich nach der Kinderbetreuung gern springe. Gefreut habe ich mich auf die Zeit auf Usedom, auf Besuche dort von

Freundinnen und Verwandten. Am Ende habe ich für mich selbst ein kleines Fotobuch erstellt mit dem Titel »Sommer 2023«, um mich an den Erinnerungen zu freuen.

Bewusst und dankbar die guten Zeiten erleben, das wird immer wichtiger, wenn wir sehen, wie begrenzt die Zeit ist. Es könnte sein, dass ich noch zwanzig Jahre lebe, wer weiß das schon. Aber mir ist bewusst, dass mein Leben auch viel schneller zu Ende gehen könnte. Auf jeden Fall ist klar: Die Zahl der Sommer ist begrenzt. Deshalb möchte ich sie ganz bewusst genießen. Abschiedlich leben bedeutet nicht, ständig an den Tod zu denken, sondern sich der Begrenztheit bewusst zu sein. So lebt es sich auf jeden Fall intensiver.

Doch ist Gesundheit wirklich die Hauptsache? Klar, wenn wir krank sind, merken wir, wie gut es ist, gesund zu sein. Im Alltag, wenn alles läuft, achten wir nicht darauf. Schon kleine Einschränkungen, die ein Magen-Darm-Infekt mit sich bringt, Rückenschmerzen oder eine Sturzverletzung machen uns bewusst: Es ist großartig, ohne Schmerzen und Einschränkungen leben zu können. Viele Menschen leben täglich mit gesundheitlichen Belastungen, den Auswirkungen eines Bandscheibenvorfalls, chronischen Erkrankungen, Behinderungen. Oft ist für sie die Hauptsache, gut durch den Tag zu kommen. Dabei bleibt wichtig, sich über die Kleinigkeiten des Lebens freuen zu können: zwitschernde Vögel, ein schönes Essen, eine wunderbare Begegnung. Krankheit kann uns auch manches lehren: Demut beispielsweise, aber auch Freude an eben diesen kleinen Dingen, die wir viel zu oft gar nicht beachten.

Gesundheit ist viel wert, aber sie ist nicht wirklich die Hauptsache. Die Hauptsache sind doch die Beziehungen, in denen wir leben! Als ich zum zweiten Mal eine Brustkrebsdiagnose erlebt habe, war ich zuerst weniger erschrocken als überrascht. Damit hatte ich dreizehn Jahre nach der ersten überhaupt nicht gerechnet. Dann kam ein gewisser Schock: Was wird das für Folgen haben, was bedeutet das? Zuallererst musste ich eine Reise nach Kroatien mit meinem Partner stornieren, auf die ich mich sehr gefreut hatte. Aber das schien auf einmal vollkommen irrelevant. Viel wichtiger wurde die Frage: Werde ich meine Enkelkinder noch aufwachsen sehen? Und ja, wie viele Sommer habe ich noch, wie oft kann ich diese schöne Zeit noch genießen? Natürlich ist das Fixieren auf den Sommer irrational. Aber für mich waren die Sommer auf einmal das Maß der Dinge.

Mich hat damals die Reaktion meines Partners Andreas sehr berührt. Er hat gesagt: »Ich werde dich natürlich begleiten. Ob ich da alles richtig mache, weiß ich nicht. Aber ich werde es tun, so gut ich kann.« Für mich war das genau richtig. Vom Typ her will ich nicht bemitleidet oder betüttelt werden. Mir ist wichtig, Subjekt zu bleiben, sagen zu können, wie viel Zuwendung ich brauche, wie viel Distanz, wie viel Nähe und wie viel Selbstständigkeit.

*

In der Bibel wird immer wieder davon erzählt, dass Jesus Menschen von Krankheit oder Behinderung geheilt hat. Dabei ist zuallererst auffällig, dass er keine Angst vor Kranken hatte. Er hat sie nicht gemieden, so wie es viele Kranke bis heute erleben. Im Alten Orient gab es die Vorstellung von einem »Tun-Ergehens-Zusammenhang«. Wer krank war oder mit einer Behinderung leben musste, galt als bestraft für eigene Vergehen oder die seiner bzw. ihrer Vorfahren. Im hebräischen Teil der Bibel, dem ersten Testament, gibt es zwar Vorschriften, dass Kranke und Menschen mit Behinderungen wie alle anderen Schwachen zu schützen sind. Sie wurden aber meist aus der Gemeinschaft und vom Gottesdienst ausgeschlossen, lebten am Rande der Gesellschaft, mussten ihr Leben in der Regel mit Betteln oder von Almosen bestreiten.

Jesus setzt da ganz neue Maßstäbe. Er geht Menschen, die von Krankheit betroffen sind, nicht aus dem Weg, sondern geht auf sie zu. Das zeichnet ihn aus, denn er sieht sie nicht als Sünderinnen und Sünder, sondern als Menschen, die leiden, denen er sich zuwendet. Jesus macht Kranke auch nicht einfach zu Objekten seiner Zuwendung, vielmehr sind sie für ihn Subjekte, denen er auf Augenhöhe begegnet. Sehr schön erzählt das eine Geschichte, die der Evangelist Lukas übermittelt, über die Heilung eines Blinden bei Jericho:

Es geschah aber, als er in die Nähe von Jericho kam, da saß ein Blinder am Wege und bettelte. Als er aber die Menge hörte, die vorbeiging, forschte er, was das wäre. Da verkündeten sie ihm, Jesus von Nazareth gehe vorüber. Und er rief: Jesus, du Sohn Davids, erbarme dich meiner! Die aber vornean gingen, fuhren ihn an, er sollte schweigen. Er aber schrie noch viel mehr: Du Sohn Davids, erbarme dich meiner! Jesus aber blieb stehen und befahl, ihn zu sich zu führen. Als er aber näher kam, fragte er ihn: Was willst du, dass ich für dich tun soll? Er sprach: Herr, dass ich sehen kann. Und Jesus sprach zu ihm: Sei sehend! Dein Glaube hat dir geholfen. Und sogleich wurde er sehend und folgte ihm nach und pries Gott. Und alles Volk, das es sah, lobte Gott. (Lukas 18, 35–42)

Nun können wir sagen: Ach so leicht ist das! Ein Wort von Jesus, und der Mann kann wieder sehen? Ist das nicht absurder Wunderglaube? Gewiss, Wunderheilungen galten – und gelten übrigens nach wie vor – als Nachweis gottgegebener Autorität. Aber einige Punkte stechen in dieser Geschichte hervor: Zum Ersten lässt Jesus den Mann nicht abweisen nach dem Motto: der nervt! Die Jünger wollen das offenbar, und wir können das ja durchaus nachvollziehen. Denn das geht, wie wir wissen und manchmal im Fernsehen sehen, vielen Promis so. Da stehen die kreischenden Fans und rufen zwar nicht: »Erbarme dich meiner!«, aber: »Mach ein Selfie mit mir«. Dem wird, denke ich, heutzutage durchaus eine Art heilende Wirkung zugeschrieben. Nach dem Motto: Es wertet mich auf, wenn ich mit ihm oder ihr auf einem Foto bin. Leider ein Trugschluss, aber wenn es Menschen guttut, entfaltet es ja vielleicht eine Wirkung …

Jesus geht jedenfalls auf die Bitte um Zuwendung ein. Er ist nicht genervt, sondern zeigt Empathie, Mitgefühl. Und er sagt nicht: Hauptsache, gesund! Oder: Ich weiß schon, was du willst. Sondern er fragt den Blinden: Was willst du, dass ich für dich tun soll? Er macht das Objekt seiner Zuwendung zum Subjekt! Das ist bemerkenswert.

Gerade wenn Menschen krank sind, verlieren sie geradezu die Kontrolle über ihr Leben. Nach der Diagnose sagen Ärzte, was zu tun ist, Pflegekräfte geben Anweisungen, der Beipackzettel fordert auf, wann und wie Medikamente zu nehmen sind – und zeigt, wie furchtbar viele Nebenwirkungen es geben könnte. Wohlmeinende

Verwandte oder Freundinnen und Freunde erklären, der Patient müsse Ruhe finden, die Patientin solle auf jeden Fall nicht arbeiten. Aber wer krank wird, ist nicht nur krank, sondern ein Mensch mit eigenen Bedürfnissen, eigenem Entscheidungswillen.

Bei mir kam bei beiden Krebsdiagnosen ein gewisser Trotz auf: Ich will bestimmen, was ich mache. Beim ersten Mal rief eine Freundin an und traf genau den richtigen Ton: »Unser Mitleid erträgst du nicht, das weiß ich. Also, was würdest du gern machen?« Sie wusste nicht, was zu tun ist, sondern fragte, was mir gut täte. Ich hatte Lust in ein Café zu gehen, und das haben wir auch umgesetzt. Beim zweiten Mal hatte ich am Tag vor der Operation auf einmal das Gefühl, ich könnte doch jetzt endlich mal das neue Sofa kaufen. Das wollte ich schon lange tun, beim alten blätterte schon länger das Kunstleder ab und hinterließ lauter kleine weiße Krümel rundherum. Mein Partner staunte: »Du willst jetzt ein Sofa kaufen????«. Und ja, ich habe das gemacht. Danach konnte ich über mich selbst lachen.

Dem Blinden in der Geschichte zolle ich Respekt. Er ist in seiner Gesellschaft ausgegrenzt. Seine Behinderung wird von vielen als Strafe Gottes, als eigenes Verschulden gesehen. Wahrscheinlich hockte er schon Jahre bettelnd an seinem Platz. Das kann einen Menschen brechen. Aber der Mann im Gleichnis erscheint durchaus selbstbewusst, er sieht sich selbst als Subjekt, kann seine Bedürfnisse sehr klar bestimmen und aussprechen. In der Situation, in der Jesus vorbeikommt, sieht er seine Chance und sagt sich: Jetzt oder nie! Er kämpft sich durch, auch gegen den Widerstand der Jünger. Und er weiß genau, was er will und braucht: sehend werden. Er erzählt nicht lange seine Geschichte, sondern formuliert auf die Frage von Jesus, was er sich wünsche, glasklar: »Dass ich sehen kann!« Das hat Mut gekostet! Er musste sich aufraffen, aufrichten, nicht länger Objekt der Barmherzigkeit anderer sein, sondern als Subjekt für sich einstehen.

Jesus sagt anschließend nicht: Ich habe das getan, weil ich so ein toller Typ, so ein großartiger Heiler bin. Er tut gar nichts, sagt nur in aller Zuversicht: Sei sehend, dein Glaube hat dir geholfen. Im Grund autorisiert er den Blinden, weiterhin für sich selbst einzustehen. Und der entscheidet sich, Jesus nachzufolgen und dankt Gott. Ein Wunder? Vielleicht. Eine gravierende Veränderung im Leben des Mannes? Auf jeden Fall. Und silbern glänzt wohl dieses Selbstbewusstsein, das Reife braucht. Die Klarheit, die erst wachsen muss. Zentral sind die Fragen: Was brauche ich als Mensch? Was wünsche ich mir, dass mir andere tun? Was erwarte ich von Gott?

Wer älter wird, ist sich in der Regel im Klaren, dass es nicht immer so bleiben wird, wie es ist. Hier zieht es schon im Rücken, da fällt das Treppensteigen schwer. Im Umfeld gibt es schwerwiegende Diagnosen von Parkinson, Demenz und MS. Andere erleiden einen Schlaganfall oder einen Herzinfarkt. Das zu wissen, verändert unser Leben, wenn wir älter werden. Gleichzeitig stellt sich eine gewisse Gelassenheit ein. Es heißt dann nicht mehr: Hauptsache, gesund! Sondern: Hauptsache, ich kann die Belastungen und Einschränkungen, die das Alter unweigerlich mit sich bringt, gut bewältigen und trotzdem noch gut und gern leben.

Ich empfinde »Silverager« als eine positive Zuschreibung, weil ich meine Zeit als 66-Jährige genieße. All die großen Entscheidungen des Lebens liegen hinter mir. Familie gründen oder nicht? Welchen Beruf ergreife ich? Muss ich mich noch fortbilden? Wo will ich leben? Wenn ich mein Leben rückblickend anschaue, staune ich, wie viele wunderbare Begegnungen es gab, welche Herausforderungen zu bewältigen waren. Ich bin froh, nicht mehr unter Druck zu stehen. Dies oder das kann ich noch tun, hier predigen, da eine Lesung oder einen Vortrag halten. Aber ich muss nicht! Und unserer Zeit tut Gelassenheit gut!

Die Aggression wächst allüberall. Das ist nachgewiesen, etwa für den Straßenverkehr. Und das ist täglich nachzulesen in E-Mails, auf Plattformen wie X, Instagram oder Facebook. Aber leider auch im politischen Diskurs sind Anstand und Respekt im Umgang miteinander verloren gegangen. Symbolfigur dafür ist Donald Trump. Der Mann attackiert, pöbelt, schickt ununterbrochen beleidigende Nachrichten in die Welt – die leider millionenfach gelesen und auch noch gutgeheißen werden.

Die USA scheinen vielleicht fern. Wer aber die Zwischenrufe bei Bundestagsdebatten verfolgt, sieht nahezu täglich, wie weit eine solche Unsitte auch bereits bei uns Einzug gehalten hat. Pöbelei ist in unserem obersten Parlament zur Normalität geworden. Dabei müssten doch grade der Bundestag und auch die Landtage Vorbilder sein dafür, wie mit politischen Differenzen umgegangen wird, ohne Anstand und Respekt voreinander zu verlieren. In der Folge breiten sich in der Gesellschaft insgesamt verbale Gewalt und Hass hemmungslos aus. Nach dem Motto: So wie »die da oben« agieren, so machen wir es auch. Wo aber Worte voller Hass und Verachtung an der Tagesordnung sind, ohne Konsequenzen nach sich zu ziehen, da folgen auch Taten voller Hass und Verachtung.

Ich wünschte mir, es gäbe einen Mechanismus, der all denen, die posten und pöbeln, ihre Nachricht erst *nach* 24 Stunden und *vor* einer Veröffentlichung noch einmal vorliest und nachfragt, ob sie das wirklich so schreiben wollen. Ein Tag Nachdenklichkeit. Prinzip Wiedervorlage. Ich denke, so mancher würde sich die Frage stellen: Will ich so ein Mensch sein? Bin ich das, diese wütende Figur, die andere niedermacht? Wenn ich in den Spiegel schaue und mir selbst vorlese, was ich da von mir gebe, wer bin ich dann?

Mir kam beim Nachdenken darüber ein Gelassenheitsgebet in den Sinn: *Gott gebe mir die Gelassenheit, Dinge hinzunehmen, die ich nicht ändern kann, den Mut, Dinge zu ändern, die sich ändern lassen, und die Weisheit, das eine vom andern zu unterscheiden.*

Bei der Recherche, von wem es stammt, habe ich mich festgelesen. Das ist tatsächlich ungeklärt! Der Satz wird sowohl dem US-amerikanischen Theologen Reinhold Niebuhr als auch dem württembergischen Theologen Theodor Wilhelm, der unter dem Pseudonym Friedrich Oetinger publizierte, zugeschrieben. Da ist also ein kurzer Text weltweit bekannt geworden, wird vielfach benutzt, aber niemand weiß, woher er stammt. Also müssen diese wenigen Worte große Überzeugungskraft für viele haben.

Nun lautet ein berühmtes Sprichwort: »Reden ist Silber, Schweigen ist Gold.« Gut, Silber ist de facto weniger wert als Gold. Aber ich bin mir bei dem Sprichwort nicht so sicher. Manchmal kann es gewiss besser sein, zu schweigen, als ein verletzendes Wort zu sagen. Aber gerade bei meiner Generation ebenso wie der meiner Eltern und Großeltern wurde auch zu oft geschwiegen. Wir haben Konflikte manches Mal nicht ausgesprochen, sie totgeschwiegen. Denn ein gutes Gespräch braucht Vertrauen, Zeit, Ruhe. Im Jakobusbrief der Bibel gibt es eine ähnliche Anweisung, die aber differenzierter ist: »*Darum, liebe Brüder, ein jeglicher Mensch sei schnell zu hören, langsam aber zu reden, und langsam zum Zorn*« (Jakobus 1,19). Bedenkenswert! Gerade im Alter haben wir die Zeit, in Ruhe zuzuhören, zu überlegen, was wir sagen. Und den Zorn abzulegen. Obwohl: Als ich einmal sagte, ich sei echt zornig, das dürfe aber wohl nicht sein, schrieb mir ein älterer Kollege, Zorn hätte selbst Luther akzeptiert. Nur Hass sei inakzeptabel.

*

Nun gibt es Hoffnung auf Gesundheit nicht nur im Alter, auch wenn das Thema dann besonders wichtig wird. Gerade wenn Kinder oder Jugendliche, junge Menschen schwer erkranken, hoffen sie auf Genesung. Aber es gibt auch Kinder und Jugendliche, junge Menschen, die nicht mehr gesund werden. 2023 habe ich in Essen einen Vortrag beim *Deutschen Kinderhospizforum* gehalten. Mir war das sehr wichtig, und ich war beeindruckt von den vielen Menschen dort, die sich für Kinder mit lebensverkürzenden Diagnosen engagieren. Bewegende Erfahrungen wurden an diesem Tag geteilt. Das Ringen um das Leben ihrer Kinder, aber auch das Begleiten, wenn Gesundheit nicht mehr das Ziel sein kann, ist oftmals Anlass für intensive und berührende Gespräche. Ja, Schweigen kann Sinn machen. Aber oft ist es auch gut, miteinander zu reden, Erfahrungen zu teilen und tiefe, sagen wir silberne, Gespräche über Leben und Tod, Angst und Hoffnung zu führen.

»Ich weiß nicht, ob ich das kann«, sagte mir eine verzweifelte Mutter. Ihr Sohn war an einem Tumor erkrankt, die Diagnose nahezu hoffnungslos. Beide haben es auf bewundernswerte Weise geschafft, mit der Situation umzugehen. Der Sohn hat die Monate, die ihm blieben, ausgekostet, ist gereist, war mit anderen seines Alters zusammen, hat das Leben genossen, so gut er konnte. Die Mutter hat ihren Sohn in den letzten Wochen mit der Unterstützung des ambulanten Palliativ- und Hospizdienstes bei sich aufgenommen. Täglich kam jemand vorbei, half bei der Pflege und der Versorgung mit Schmerzmitteln. Jemand stand bereit, zu übernehmen, wenn die Mutter einkaufen musste oder einfach mal einen Spaziergang allein brauchte. Der junge Mann ist am Ende in den Armen seiner Mutter eingeschlafen. Ihr ist durch all das eine Kraft zugewachsen, um die sie vorab selbst gar nicht wusste.

Es ist grausam, wenn ein so junger Mensch sterben muss. Da lässt sich nichts vertrösten und nichts schönreden. Stirbt ein alter Mensch, so können wir das Leben feiern, das er oder sie erleben durfte. Stirbt ein Kind, ein junger Mensch, trauern wir um all die Möglichkeiten, die nicht gelebt werden konnten. Wenigstens werden Familien mit dem Sterben der Angehörigen heute nicht mehr völlig allein gelassen. Es gibt es inzwischen in Deutschland ambulante Palliativ- und Hospizdienste! Das kann den Schmerz um den Verlust nicht nehmen. Aber die palliative Versorgung ermöglicht zumindest, die ganz realen Schmerzen zu lindern.

Der Begriff »palliativ« leitet sich ab vom Lateinischen *pallium,* dem bergenden, wärmenden Mantel. Die Londoner Ärztin Dame Cicely Saunders hat diese Arbeit ins Leben gerufen. Bei der Begleitung von tumorkranken Patientinnen und Patienten soll auf deren Lebensqualität geachtet werden. Es geht um ihr Selbstbestimmungsrecht, ihre soziale Integration, die Sicherstellung kompetenter Betreuung, die Linderung quälender Symptome wie Übelkeit, Erbrechen, Juckreiz, Schlaflosigkeit – und es geht vor allem um Schmerzfreiheit. Erst seit 1994 gibt es die Deutsche Gesellschaft für Palliativmedizin.

Ich erinnere mich gut an eine Pressekonferenz in meiner Zeit als Landesbischöfin in Hannover im Jahr 2004. Damals haben wir die ersten drei Palliativbetten im evangelischen Friederikenstift eingeweiht. All das, der ambulante und stationäre Hospizdienst, die palliative Versorgung, wurde ehrenamtlich begonnen, geleistet und finanziert. Engagierte Bürgerinnen und Bürger haben sich entschlossen, die Sterbenden und ihre Angehörigen nicht länger alleinzulassen in der Tabuzone Tod. Sie haben sich persönlich eingebracht, um gute Begleitung möglich zu machen. Bei jener Pressekonferenz hat dann die erste Krankenkasse erklärt, dass sie diese Leistungen in ihren Katalog aufnehmen werde. Das war ein Meilenstein.

Die gesamte Hospizarbeit ist aus ehrenamtlichen Impulsen entstanden. Und sie lebt von ehrenamtlich Engagierten. Die Defizite der Politik werden durch bürgerschaftliches Engagement, durch *caring communities* ausgeglichen. 1300 Ehrenamtliche sind es allein im Deutschen Hospizverein.

Das ist natürlich großartig. Studien haben auch gezeigt, dass die Zufriedenheit bei ehren- und hauptamtlich Mitarbeitenden im Hospizbereich besonders hoch ist, weil sie für die Menschen Zeit haben, die sie begleiten. Weil sie, indem sie Menschen in einer sehr schwierigen Situation beistehen, täglich erleben, dass sie sinnvolle Arbeit leisten. Und doch: Der Spruch, der den Diakonissen auferlegt wurde »Mein Lohn ist, dass ich dienen darf«, sollte nicht dazu führen, dass Menschen ausgenutzt werden. Krankenkassen und Staat müssen ihren Beitrag leisten!

Schwer kranke Kinder und Jugendliche erleben meist über viele Jahre den Verlust ihrer Fähigkeiten. Und doch wissen sie etwas von Lebensfreude. Das ist ein Kontrastprogramm zu unserer Leistungsgesellschaft, die nur »schneller, höher, weiter« akzeptiert und als sinnvoll ansieht. Ständig ist Selbstoptimierung gefragt. Aber nicht jeder Mensch ist optimierbar. Das mahnen sterbenskranke Kinder und Jugendliche an. Es gibt für sie Lebensfreude, Lebensglück, Lebenssättigung. Ihre imponierende Haltung erweitert den Horizont, wenn es heißt »Hauptsache, gesund!«.

Viele Menschen sehnen sich nach Entschleunigung. Wer eine schwere Krankheitsdiagnose erhält, wird sofort entschleunigt. Da entsteht ein anderer Blick auf das Leben. Da zählt jeder Tag. Schmerz und Freude müssen in den Lebensalltag integriert werden. Dabei geht es mir auch um die Geschwisterkinder von Sterbenskranken. Sie sind täglich konfrontiert mit Sterben und Tod und haben nicht so eine unbekümmerte Kindheit wie andere. Es ist wichtig, dass für sie Aufmerksamkeit vorhanden ist in der Familie, aber auch in Schule und Kita. Ihre Lebenserfahrung ist ohnehin, immer wieder zurückstehen zu müssen, früh Verantwortung zu übernehmen. Allzu oft aber werden sie ausgegrenzt, finden keinen Raum, von ihrem Erleben zu erzählen. Auch hier sind die Faktoren Zeit und Aufmerksamkeit entscheidend. Eltern sind oft völlig absorbiert von Sorge und Pflichten rund um das schwer erkrankte Kind, das ist verständlich. Aber auch Geschwisterkinder brauchen ihren Raum.

Ein schönes Zeichen dafür ist die »Tour der Hoffnung«, eine Spendenradtour, die seit 1983 jedes Jahr zugunsten krebskranker Kinder und Jugendlicher stattfindet. Ein Charity-Event, das sportliche Aktivität, Gemeinschaft und Unterstützung von Kinderkliniken, Hospizen und der Betreuung krebskranker Kinder und Jugendlicher kombiniert. Das spendet Hoffnung!

Zuletzt: Wer älter wird, im Herbst des Lebens steht, kann immer noch etwas weitergeben: Lebenserfahrung. Ich finde, ein Psalmvers (71,18) drückt das gut aus: *Verlass mich nicht, Gott, im Alter, wenn ich grau werde, bis ich deine Macht verkündige Kindeskindern und deine Kraft allen, die noch kommen sollen.* Das wünsche ich mir – noch einige Zeit die Kraft geschenkt zu bekommen, das weiterzugeben, was ich als Gottes Begleitung erlebt habe. Gesundheit ist ein wunderbares Geschenk, wir alle wünschen sie uns. Aber das Wichtigste, die Hauptsache, das sind die Menschen, die wir lieben, die uns lieben, mit denen wir in Beziehung stehen, und unser Vertrauen in sie ebenso wie unser Vertrauen in Gott. Ich wünsche mir die Erfahrung, dass Menschen mir verbunden sind, mich begleiten – und ich sie: in gesunden Tagen und in Tagen von Krankheit, Leid und Tod.

GOLD
Hoffnung auf gelingendes Leben

Als ich vor einigen Jahren einen Vortrag in Werther gehalten habe, erhielt ich als »kleinen« Dank zehn (!) Kilo »Werthers Echte«, Karamellbonbons in Goldpapier. Was macht der Mensch mit so vielen Bonbons? Ich habe sie aufgeteilt. Vier Kilo erhielt meine Freundin Ellen, die Lehrerin ist, unter anderem Ernährungskunde unterrichtet, und ihre Schülerinnen und Schüler wohldosiert (!) damit erfreuen konnte. Sechs Kilo bekam mein Partner Andreas, der zu der Zeit gerade den Müller, aber erstaunlicherweise auch das Gold in einer Aufführung von »Rumpelstilzchen« des Gießener Kindertheaters TINKO spielte. Jedes Kind durfte am Ende der Aufführung somit ein Stück Gold mitnehmen – und es reichte mehrere Monate…

Gold ist für viele nicht nur die Farbe des Schatzes und des Reichtums, sondern auch der Gier, der Versuchung. In Rumpelstilzchen soll die Müllerstochter Stroh zu Gold spinnen. Ihr Vater hatte behauptet, sie könne das, damit der König sie in seinem Verlangen nach Reichtum zur Frau nahm. Rumpelstilzchen hilft ihr zunächst, will dann aber als Preis ihr Kind. So wird die Gier nach Macht und Geld fast zum Verhängnis für Mutter und Kind.

Gold kann aber auch die Farbe von Sicherheit sein. Im Matthäusevangelium (2,10) ist es eines der drei Geschenke der drei Weisen, die vor dem neugeborenen Jesus niederknien: »*Da sie den Stern sahen, wurden sie hocherfreut und gingen in das Haus und sahen das*

Kindlein mit Maria, seiner Mutter, und fielen nieder und beteten es an und taten ihre Schätze auf und schenkten ihm Gold, Weihrauch und Myrrhe.«

Als ich für ein Kinderbuch darüber nachdachte, habe ich überlegt, dass es genau die richtigen Geschenke waren. Denn laut Matthäus musste Josef bald nach der Geburt mit Frau und Kind nach Ägypten fliehen, um seinen Sohn vor den Kindermorden des Herodes zu schützen. Und in der Fremde ist es gut, Ressourcen zu haben. Gold kann da sehr hilfreich sein. Viele Menschen, auch in Deutschland, legen ihr Geld in Goldbarren an, weil sie darin mehr Sicherheit sehen als in Aktien oder Grundbesitz und so ihre Zukunft absichern wollen.

Gold ist für mich aber auch eine Farbe der Versöhnung, weil sie so schön glänzt und schimmert wie der sprichwörtlich goldene Oktober. Das strahlt Harmonie aus. Im Grunde wollen alle Menschen in Frieden miteinander leben. Aber dann gibt es im engsten Familien- und Freundeskreis auf einmal Auseinandersetzungen. Die Schwiegertochter findet es unmöglich, wie die Schwiegermutter mit den Kindern umgeht. Es kommt zum offenen Konflikt. Der wiederum belastet die Beziehung der Eltern. Oder: Zwei Brüder ärgern sich nach dem Tod des Vaters darüber, dass er das Erbe völlig unterschiedlich verteilt hat. Sie können nicht fassen, dass der Vater so entschieden hat. Für beide führt das zu einer Entfremdung. Vielleicht streiten auch zwei Freundinnen über das Thema Abtreibung. Eigentlich sind sie sich nahe. Aber die Diskussion nimmt ungewollt eine Schärfe an, die sie entzweit.

Streit ist schwer zu ertragen. Mir selbst wurde manchmal zugeschrieben, ich sei streitbar. Das trifft insofern zu, als ich für meine Meinung eingetreten bin, wenn es notwendig war. Und dass ich mich für meine Kinder immer in die Bresche geworfen habe und werfen werde, wo es nötig ist. Aber Streit gesucht habe ich nie. Denn Streit ist immer belastend. Und dann ist Versöhnung Gold wert.

Ganz wunderbar zeigt die biblische Geschichte von Jakob und Esau, wie eine Beziehung wieder golden glänzen kann. Die beiden Jungen wurden als Zwillinge geboren. Esau kam kurz vor Jakob zur Welt. Im 25. Kapitel des ersten Mosebuches wird erzählt: *Als nun die Zeit kam, dass sie (Rebekka) gebären sollte, siehe, da waren Zwillinge in ihrem Leibe. Der erste, der herauskam, war rötlich, ganz behaart wie ein Fell, und sie nannten ihn Esau. Danach kam heraus sein Bruder, der hielt mit seiner Hand die Ferse des Esau, und sie nannten ihn Jakob.* (24–26)

Als der Vater im Sterben liegt ist klar, dass der Ältere alles erben wird. Aber Jakob erschleicht sich mithilfe der Mutter ziemlich hinterlistig den Segen seines Vaters. Keine schöne Familienkonstellation. Aber so etwas gibt es – bis heute. Jakob flieht aus Angst vor der Rache Esaus fort von zu Hause, er geht weit weg zu Laban, dem Bruder der Mutter. Dort heiratet er Lea und ihre Schwester Rahel – eine andere, lange Geschichte –, hat dreizehn Kinder und wird sehr wohlhabend. Aber dann zieht es ihn mit seiner Familie, dem Gesinde und allem Besitz zurück in sein Heimatland.

Jakob hat – zu Recht – Angst vor der Begegnung mit seinem Bruder. Seit dem brutalen Betrug hat er Esau nicht mehr gesehen, Rache und Hass könnten auf ihn warten. Im ersten Buch Mose ist zu lesen: *Jakob hob seine Augen auf und sah seinen Bruder Esau kommen mit vierhundert Mann. Und er verteilte seine Kinder auf Lea und auf Rahel und auf die beiden Mägde und stellte die Mägde mit ihren Kindern vornean und Lea mit ihren Kindern dahinter und Rahel mit Josef zuletzt. Und er ging vor ihnen her und neigte sich siebenmal zur Erde, bis er zu seinem Bruder kam. Esau aber lief ihm entgegen und herzte ihn und fiel ihm um den Hals und küsste ihn, und sie weinten.* (33,1–4)

Mich hat diese biblische Passage immer wieder gerührt. Die beiden Brüder begegnen sich nach vielen Jahren erneut. Jakob hat Angst, weil er nicht einschätzen kann, wie tief die Verletzung bei Esau sitzt. Wird der Zwillingsbruder ihn mit seinen Gefährten angreifen. Was wird passieren? Jakob versucht, seine Frauen und Kinder zu schützen. Er geht allein auf Esau zu, will eine Begegnung von Mann zu Mann, ohne dass andere zum Opfer werden. Ihm ist wichtig, seine Demut zu zeigen. Aber es gibt keinen Angriff. Dieses ganze Drama löst sich auf in eine anrührende Geste geschwisterlicher Zuneigung, in Liebe. Die Verbindung des Zwillingsbruders ist so stark, die alte Nähe so tief, dass die beiden Männer sich in die Arme fallen und weinen. Das ist Gold für mich. Als »goldenes Zeitalter« wird ja auch eine Ära bezeichnet, in der es den Menschen gut geht.

Gold kann auch für Liebe und Treue stehen. »Nimm den goldenen Ring von mir, damdam, damdam« singt Drafi Deutscher in seinem Hit »Marmor, Stein und Eisen bricht«. Im Bild von Eberhard Münch ist der goldene Kreis umgeben von leuchtendem Rot. In einem farbigen Wirbel öffnet sich die Fläche nach außen.

Die Versöhnung von Jakob und Esau hat beides: Liebe und Treue, eine Verbundenheit über alle Brüche, über alle Entfremdung hinweg. Versöhnung ist viel mehr ist als Vergebung. Sie ist die Gnade, die Chance oder sagen wir das riesige Glück, nach einem Bruch wieder an die alte Beziehung anknüpfen zu können und miteinander Zukunft zu erleben und zu gestalten.

Und Gold steht auch für Freiheit. Ich habe mehrfach im Leben Menschen im Gefängnis besucht. Und immer wieder dachte ich: Es muss furchtbar sein, den eigenen Alltag überhaupt nicht selbst bestimmen zu können, nicht herauszukönnen. Eine Frau, die ich gut kenne, war in der DDR wegen versuchter Republikflucht inhaftiert.

Sie erzählte mir, noch heute träume sie nachts von diesem grauenvollen Geräusch, wenn die Zellentür zugemacht und abgeriegelt wurde. Ein Gedicht von Rainer Maria Rilke drückt die Hoffnungslosigkeit dieses Eingesperrtseins auf beeindruckende Weise aus:

Der Panther

Im Jardin des Plantes, Paris

Sein Blick ist vom Vorübergehn der Stäbe
so müd geworden, daß er nichts mehr hält.
Ihm ist, als ob es tausend Stäbe gäbe
und hinter tausend Stäben keine Welt.
Der weiche Gang geschmeidig starker Schritte,
der sich im allerkleinsten Kreise dreht,
ist wie ein Tanz von Kraft um eine Mitte,
in der betäubt ein großer Wille steht.
Nur manchmal schiebt der Vorhang der Pupille
sich lautlos auf –. Dann geht ein Bild hinein,
geht durch der Glieder angespannte Stille –
und hört im Herzen auf zu sein.

Ich finde dieses Gedicht bewegend, weil die tiefe Ausweglosigkeit dieses armen Tieres so krass spürbar wird. Es hat überhaupt keine Chance, je zu entkommen. Die Hoffnung auf Zukunft muss der Panther abschreiben. Er wird weiter in diesem Käfig vor sich hinvegetieren müssen, bis er stirbt. Sein Wille ist betäubt, gebrochen. Er löscht seine eigene Existenz noch vorher aus, hört im Herzen auf zu sein. Das ist abgrundtief traurig. Jeder Glanz ist verloren gegangen. Da fehlt jede Hoffnung auf Zukunft.

Deshalb ist Gold für mich auch die Farbe der Zuversicht. Die Autorin Thea Dorn schrieb kürzlich: »Aber woher andere Farben nehmen

als die ziemlich dunklen Grautöne, wenn die Demokratiebewegungen in den autoritären bis diktatorischen Staaten dieser Welt erlahmen oder richtiger: erstickt worden sind und wenn in den freiheitlich-demokratisch verfassten Gesellschaften das Pathos der Autonomie einer gereizten Angst gewichen ist, Angst vor Wohlstandsverlust und anderen Widrigkeiten der materiellen Welt?« Ihre Antwort lautet: »Wir müssen neu lernen, Mut zur unbegründeten Zuversicht zu haben – zu dem, was man früher einmal ›Gottvertrauen‹ genannt hätte.« [28]

Ja, Zuversicht braucht Mut, sie muss auch immer wieder trainiert und durchaus auch geübt werden.

Ich wünschte mir manchmal, die jungen Leute, die sich ständig um so vieles sorgen, dass sie gar nicht mehr sehen, wie gut ihr Alltag ist, hätten mehr Zuversicht. Dass sie nicht wie der bemitleidenswerte Panther verzagt auf die Gitterstäbe schauen, die sie zurückhalten, sondern das Leben hoffnungsvoll gestalten. Im *Deutschlandfunk* gibt es in diesem Jahr eine Denkfabrik zum Thema »Es könnte so schön sein … Wie gestalten wir Zukunft?«. Hörerinnen und Hörer haben interessanterweise das Thema per Abstimmung gewählt. Berichtet wird über »Visionäre von nebenan«, die in ihrem Umfeld Projekte umsetzen, die Hoffnung machen. Die Berichte in den Sendungen sind ermutigend in einer Zeit, in der wir ständig mit Schreckensmeldungen beschallt werden. Da geht es um Carsharing ebenso wie um die Abschaffung der Meckerkultur, um nachhaltige Landwirtschaft und um Bildungsaufstieg. Lauter kleine Schritte für eine bessere Zukunft, die überzeugend und kreativ gestaltet werden und somit Hoffnungsgeschichten sind.

Neben der Befriedigung der Grundbedürfnisse Nahrung, Wohnen, Gesundheitsversorgung, Arbeit und Bildung braucht der Mensch das, was für eine Hoffnung auf Zukunft wesentlich ist, sich aber nicht kaufen oder herstellen lässt: Vertrauen, Liebe, Beziehungen, die uns beheimaten. Und ja, auch Gottvertrauen. Es geht um eine Lebenshaltung, die ich aufgrund der Wertvorstellungen, die mich prägen, entwickle.

Meine Großeltern waren mir da immer Vorbild, ich will es auch hier noch einmal erzählen. Meine Großmutter musste miterleben, wie ihr Mann verschleppt wurde, als die Sowjetarmee im März 1945 in Köslin einzog. Nach einem entsetzlichen Winter mit Hunger, Angst und Gewalt machte sie sich im Frühjahr 1946 mit ihrer Tochter und deren drei kleinen Kindern auf den Weg nach Hessen, wo ihrer Schwester lebte. Dort erreichte sie endlich eine Nachricht über den Verbleib ihres Mannes. Eine Freundin schrieb ihr am 19. Oktober 1947: »Fritz und Gerhart (mein Großvater) sind auf dem ganzen Transport zusammen gewesen. Er war bei Gerhart, als er gestorben ist, am 28. April 1946. Aber auf dem Transport ist Gerhart immer getrost und ganz vergnügt gewesen, er wollte, wenn erst wieder zu Hause, ein Buch über alles schreiben. Fritz meint, Gerhart sei an Ruhr gestorben, sie haben alle darunter gelitten. Von 8000 Männern sind 6000 verstorben … Ach Mariechen, ob wir alle noch einmal zurückkönnen? Wir machen das erste Heimweh erst so richtig durch. Aber einmal muss doch alles wieder einen Anfang haben. Wie wunderbar wäre es, einmal wieder in einer eigenen Küche kochen zu können …«

Mein Großvater ist getrost geblieben auf dem Transport nach Sibirien. Und meine Großmutter sang später in der kleinen Küche, die sie Jahre nach dem Verlust des Mannes und der Heimat in einer ganz kleinen Wohnung endlich wieder hatte: »Befiehl du deine Wege«. Das habe ich als Kind mitgesungen und das ist mir ein Leitbild - bis heute. Denn solches Gottvertrauen trägt in guten und in schweren Tagen, im Leben und im Sterben. Das haben meine Großeltern vorgelebt, und davon bin ich zutiefst überzeugt. »Der Wolken, Luft und Winden gibt Wege, Lauf und Bahn, der wird auch Wege finden, die dein Fuß gehen kann«, heißt es in dem alten Kirchenlied von Paul Gerhardt. Das ist Gottvertrauen! Das ist Hoffnung auf Zukunft mitten in schwerer Zeit. Und das hat etwas von der Unzerbrechlichkeit von Gold.

ZULETZT
Der vielfarbige Regenbogen

In der Bibel folgen auf die Vertreibung aus dem Paradies der Brudermord von Kain an Abel und der Turmbau zu Babel. Die Menschen werden missgünstig, neidisch, gewalttätig und größenwahnsinnig. Dachte Gott nach der Schöpfung noch, alles sei gut gelungen, so ist jetzt nichts mehr wirklich gut. Im Zorn, so erzählt es die biblische Geschichte, hat Gott in mächtigen Fluten die Menschheit samt aller Kreatur ertränkt. Nur Noah und seine Familie werden verschont, weil sie ein gottgefälliges Leben geführt haben. Noah und seine Frau, die drei Söhne Sem, Ham und Japhet samt ihren Ehefrauen, von denen keine Namen überliefert sind. Vier Menschenpaare also werden gerettet. Zudem von jeder Tierart ein Paar, damit die ganze Art Zukunft hat.

Es ist eine großartige Erzählung, die auf der ganzen Welt bekannt ist. Wer ein Schiff voller Tiere sieht, weiß in der Regel, worauf da angespielt wird. Aber die Sintflutgeschichte ist nicht nur eine Erzählung von wunderbarer Rettung, sie ist auch grausam. Es gibt ein Bilderbuch von Peter Spier, in dem das auf eindrückliche Weise gezeigt wird – und das weitgehend ohne Text – nur die biblische Passage wird zitiert. Mich hat das Buch besonders fasziniert, weil auch der Alltag auf der Arche eine Rolle spielt. Da ist zu sehen, wie die Tiere gefüttert werden, oder auch, wie Noahs Frau und Schwiegertöchter Wäsche aufhängen. An so etwas hatte ich vorher gar nicht gedacht. Aber es gibt auch ein Bild, auf dem die zurückgebliebenen Tiere langsam, aber sicher in den Fluten versinken – da musste ich bei meinen Töchtern immer ganz schnell weiterblättern. Ich konnte die Kinder verstehen. Die Vorstellung ist grausam, dass so viele Tiere und natürlich auch Menschen ertrinken.

Wenn wir Gott nun ganz menschlich sehen, bereute er nach der biblischen Erzählung, selbst Verursacher von so viel Leid zu sein. Denn am Ende der Erzählung schließt Gott einen Bund mit Noah und erklärt: »*Ich will hinfort nicht mehr die Erde verfluchen um der Menschen willen; denn das Dichten und Trachten des menschlichen Herzens ist böse von Jugend auf.*« (1. Mose 8,21) Gott weiß also um das Versagen der Menschen und gibt dennoch die bleibende Zusage: »*Solange die Erde steht, soll nicht aufhören Saat und Ernte, Frost und Hitze, Sommer und Winter, Tag und Nacht*« (1. Mose 8,22). Und dann folgt der Bund mit Noah, der mit dem Regenbogen besiegelt wird: »*Und Gott segnete Noah und seine Söhne und sprach: Seid fruchtbar und mehret euch und füllet die Erde. Furcht und Schrecken vor euch sei über allen Tieren auf Erden und über allen Vögeln unter dem Himmel, über allem, was auf dem Erdboden wimmelt, und über allen Fischen im Meer; in eure Hände seien sie gegeben. Alles, was sich regt und lebt, das sei eure Speise; wie das grüne Kraut habe ich's euch alles gegeben.*« (1. Mose 9, 1–3)

Für das Judentum wie das Christentum bleibt die Verantwortung, diesen biblischen Aussagen gerecht zu werden. Ermutigung, Kinder zu bekommen, Verantwortung für das Land und das Vieh. Mir ist durchaus bewusst, das habe ich schon bei der Farbe Gelb, als es um den Schöpfungsbericht ging, erklärt, dass die Frage der Nachkommenschaft heute zwei Seiten hat. Die steigende Bevölkerungszahl weltweit bringt eine bedrohliche Situation für den ganzen Globus mit sich. Das ist heute anders als im alten Israel, wo Nachkommenschaft wichtig war. Und auch die Frage des Fleischverzehrs ist für uns heute kritisch, weil Viehhaltung und vor allem die Massentierhaltung die Umwelt belasten und die Frage nach dem Tierwohl aufwerfen. Doch das sind Fragen von heute, die dem Verfasser der Sintflutgeschichte fremd waren. Für ihn ist wichtig: Auch nach der Zeit des Paradieses, auch nach der Sintflut gibt es Verantwortung für das Bebauen und Bewahren des Landes. Und eine Tierhaltung, die Respekt vor der Kreatur hat, ist biblisch geboten. Wir sind mit dem verantwortlichen Umgang der Schöpfung beauftragt. Der Regenbogen ist das Symbol dafür, dass Gott die Erde nicht zerstören wird. Zu einem Bundesschluss aber gehören zwei. Die Frage ist, ob die Menschen ihren Anteil am Bund aufrechterhalten oder versagen, indem sie die Schöpfung gnadenlos ausbeuten und nicht für nachfolgende Generationen erhalten.

Der Regenbogen steht also für Gottes Lebenszusage und für die Verpflichtung der Menschen, für Gottes Schöpfung Sorge zu tragen. Mit seinen vielen Farben steht er auch für Vielfalt und wird deshalb gern als Symbol der Friedensbewegung und des Engagements für die Gleichstellung homosexuell liebender Menschen genutzt. Damit ist er weltweit ein Hoffnungssymbol: Wir könnten alle miteinander in Frieden leben und unsere Erde für künftige Generationen erhalten. Demonstrationen gegen Rechts waren und sind unterwegs mit dem Stichwort: »Unser Land ist bunt!«

Mich ermutigt in diesen Tagen ein ganz besonderes Lied. Von den Nazis bedrängt, verließ der jüdische Theologe Fritz Rosenthal 1935 mit 22 Jahren Deutschland und ging nach Jerusalem. Er änderte seinen Namen in Schalom Ben-Chorin: Friede, Sohn der Freiheit. 1942 während die Shoah tobte, dichtete er:

Freunde, dass der Mandelzweig wieder blüht und treibt,
ist das nicht in Fingerzeig, dass die Liebe bleibt?

Dass das Leben nicht verging, so viel Blut auch schreit,
achtet dieses nicht gering in der trübsten Zeit.
Tausende zerstampft der Krieg, eine Welt vergeht.
Doch des Lebens Blütensieg leicht im Winde weht.
Freunde, dass der Mandelzweig sich in Blüten wiegt,
das bleibt mir ein Fingerzeig für des Lebens Sieg.

Ein Mandelbäumchen vor seinem Fenster wurde zum Hoffnungssymbol von Shalom Ben Chorin. Denn es blüht, auch wenn auf den Hügeln rings um Jerusalem noch Winter herrscht.

Es wird erzählt, dass dieses Mandelbäumchen eines Tages einem Supermarktparkplatz weichen musste. Aber mit der Kraft der Natur brach dennoch wieder ein Spross durch den Asphalt hindurch. Das hat Menschen derart gerührt, dass das Bäumchen an dieser Stelle in Jerusalem weiterhin als Zeichen der Hoffnung steht. Ob diese Geschichte wahr ist, weiß ich nicht, beim letzten Besuch in Jerusalem habe ich das Bäumchen gesucht, aber nicht gefunden. Doch die Geschichte steht für die Hoffnung, dass Menschen sich ändern können. Dass Friede möglich ist. Und dass wir die Fähigkeit besitzen, unsere Welt so zu gestalten und zu bewahren, dass auch unsere Kinder und Kindeskinder gut auf ihr leben können. Diese Hoffnung braucht unsere Welt, und in diesen Tagen brauchen sie ganz besonders die Menschen in Israel und Gaza.

Beim Propheten Jeremia steht der Mandelbaum als Zeichen dafür, dass Gott über die Schöpfung wacht. Angesichts des Massenmordes an den europäischen Juden erscheint das Lied naiv, weltfremd, als ob es das Leid ignoriere. Aber das tut es eben nicht. Es zeigt die trotzige Hoffnung, dass Gott nicht abwesend ist, dass Gottes Zusage und Versprechen nach der Sintflut weiterhin gelten. Und dass auch wir unseren Anteil am Bund des Regenbogens erfüllen können.

QUELLENNACHWEIS

1 Lisa Nienhaus: »Höhenluft macht redselig«, *Süddeutsche Zeitung* v. 17. Januar 2024.

2 Corine Pelluchon in: »Sternstunde Philosophie«, *SRF Kultur* v. 3. September 2023, im Interview zu: Die Durchquerung des Unmöglichen: Hoffnung in Zeiten der Klimakatastrophe, erschienen bei C.H. Beck Verlag, 2023.

3 Alle Daten nach: Barbara Engels: IW-Kurzbericht (Institut der Deutschen Wirtschaft) Nr. 10, 14. Februar 2023.

4 *NDR:* »Hallo Niedersachsen«, 19. Januar 2024

5 *ZDF:* »10 Punkte. So würde die AfD regieren«, *ZDF heute online,* 1. September 2023, 18:41.

6 Vgl. Margot Käßmann: »Die eucharistische Vision. Armut und Reichtum als Anfrage an die Einheit der Kirche«, München 1992.

7 Stefan Heuser: »Identität und Arbeit«, in: Alexander Deeg. Stefan Heuser. Arne Manzeschke (Hrsg.): *Identität. Biblische und theologische Erkundungen,* Göttingen 2007, S. 189 ff. Mit freundlicher Genehmigung.

8 Albert Schweitzer: »Die Entstehung der Lehre der Ehrfurcht vor dem Leben und ihre Bedeutung für unsere Kultur«, in: Ders., *Ehrfurcht vor dem Leben. Grundtexte aus fünf Jahrzehnten,* hg. v. H. W. Bähr, München 1966, 10. Aufl. 2013, S. 13 ff.

9 Gustav Heinemann: Antrittsrede als Bundespräsident, im Wortlaut abgedruckt in: *Süddeutsche Zeitung* v. 2. Juli 1969, S. 7.

10 *Süddeutsche Zeitung* v. 18. September 2023.

11 Aus: »Der Abend kommt«, Text: Jörg Zink, Musik: Hans Jürgen Hufeisen © dolce musica edizione, Zürich. www.hufeisen.com

12 *Deutsche Presse-Agentur,* 22. Februar 2024.

13 Harald Stutte: »Vor 100 Jahren: Als Braun die Farbe der Nazis wurde – und was Hugo Boss damit zu tun hat«, © RND RedaktionsNetzwerk Deutschland GmbH / Autor Harald Stutte

14 Zitiert nach: Matthias Stickler: »Wir Heimatvertriebenen verzichten auf Rache und Vergeltung«. Die Stuttgart Charta vom 5./6. August 1950 als zeithistorisches Dokument, in: Jörg-Dieter Gauger und Hanns Jürgen Küsters (Hrsg.): Zeichen der Menschlichkeit und des Willens zur Versöhnung. 60 Jahre Charta der Heimatvertriebenen, Konrad-Adenauer-Stiftung, Berlin 2010.

15 Klaus von Bismarck: »Ich will nicht zurück«, in: Rüdiger Runge und Margot Käßmann (Hrsg.): *Kirche in Bewegung. 50 Jahre Deutscher Evangelischer Kirchentag,* Gütersloh 1999, S. 61 f.

16 Karin Ulrich-Eschemann: »Tradition und Identität«, in: Alexander Deeg, Stefan Heuser, Arne Manzeschke (Hrsg.): *Identität. Biblische und theologische Erkundungen,* Göttingen 2007, S. 95 ff.; S. 105.

17 *Vatican News,* 10. März 2024.

18 *Welt TV online,* 12. März 2024.

19 *Lanz und Precht,* Podcast, Sendung v. 8. März 2024, Folge 131, Minute 40 ff.

20 Harald Welzer: »Warum reden wir den Frieden nicht herbei«, in: *Publik-Forum Extra,* April 2024, S. 24 ff.

21 Nils Minkmar: »Wäre doch gelacht. Das Glück der Deutschen«, *Süddeutsche Zeitung* v. 30. März 2024.

22 Henning Sußebach, »Die helle Welt des Josef Heeg«, aus: *DIE ZEIT* 17/24 (16. April 2014)

23 Marlene Knobloch: »Nehmt euch in Acht«, in: *SZ* v. 10. Februar 2024. © *Süddeutsche Zeitung GmbH,* München. Mit freundlicher Genehmigung von *Süddeutsche Zeitung Content*

24 Sarah Banhardt, Jolanda Gräßel-Farnbauer, Carlotta Israel (Hrsg.): »Frauenordination in der Evangelischen Kirche in Deutschland. Interdisziplinäre Perspektiven«, Stuttgart 2023.

25 Ebd. S. 149.

26 Ebd. S. 171.

27 Byung-Chul Han: »Die Krise der Narration«, Berlin 2023, S. 10.

28 Thea Dorn: »Eine Frage der Haltung«, in: *DIE ZEIT* Nr. 13, 21. März 2024.

Alle Bibelstellen wurden entnommen aus: Lutherbibel, revidiert 2017, © 2016 *Deutsche Bibelgesellschaft,* Stuttgart

Eberhard Münch, Jahrgang 1959, geboren in Mainz. 1981 Studium italienischer Wandmalerei. Von 1983 bis 1987 Studium an der Akademie der Bildenden Künste in Nürnberg. Seit 1987 selbstständig als freier Maler und sakraler Raumgestalter. Aufträge im In- und Ausland. Zahlreiche Ausstellungen und Ausstellungsbeteiligungen seit Anfang der 1980er-Jahre.
www.atelier-muench.de

Foto: Julia Baumgart Photography

Margot Käßmann, Jahrgang 1958, ist eine der bekanntesten kirchlichen Persönlichkeiten Deutschlands. Während und nach ihrer Zeit als hannoversche Landesbischöfin und Ratsvorsitzende der Evangelischen Kirche in Deutschland gewann sie mit ihrer offenen und geradlinigen Art die Wertschätzung und Sympathien vieler Menschen. Sie ist Mutter von vier erwachsenen Töchtern und Großmutter von sieben Enkelkindern.
www.margotkaessmann.de

Besuchen Sie uns im Internet:
www.bene-verlag.de

FSC
www.fsc.org
MIX
Papier | Fördert gute Waldnutzung
FSC® C004592

Originalausgabe September 2024

Ein Imprint der Verlagsgruppe
Droemer Knaur GmbH & Co. KG, München

Bilder im Innenteil und auf der Buchdecke: Eberhard Münch

Lektorat: Stefan Wiesner
Covergestaltung: Maike Michel
Coverfoto: Julia Baumgart
Satz und Layout: Maike Michel
Druck und Bindung: APPL, aprinta druck, Wemding
ISBN 978-3-96340-225-8

5 4 3 2 1